人生很短，但本人很懶

36個人生真相告訴你，全世界能辜負你的只有你自己

作者——楊 喵 喵

目錄

Chapter 3
別把這世界讓給你鄙視的人

目錄

Chapter 6
你很珍貴，理應自由、驕傲、無所畏懼

Chapter 7
即使改變不了世界，也別讓世界改變了你的初心

前言
有許多話，的確不能當真

路邊的看板都在告訴你，生活其實很可愛，外面的世界很精彩，不信你聞，就連空氣都是甜的。它告訴你，世界願意溫柔善待每一個人，就像網拍一樣還「免運費哦」，你只要動動手指就可以了。最後，女生都能等到心中的白馬王子，男生也能等到女神，你們的未來叫作「歲月靜好」。

但事實上，這只是你自己的臆想而已。

你常常把「世界」掛在嘴邊，天天說著：「世界那麼大，我想去看看。」你想讓日子過得有格調，今天當文青、明天當旅行家。可是終有一天你會發現，無論外面的世界如何廣大，與你有關的、你手上擁有的東西，才是你的「這世界」。那是一份你正在努力的工作，是你的一頓飯，是你的家人、伴侶和朋友，還有你的夢想及野心。它們不多也不少，剛好構成了你的全部生活。

於是，當夢想被打回原形，問題也就跟著來了，你是真的很努力，還是在努力給自己的不努力找理由？你是依舊懷揣著最初的那份在世上贏得一席之地的野心，還是已經習慣了眼前，因此妥協了、屈服了，把這平庸、懶散的日子當成理所當然了？你是真的要讓自己的夢想紮下根來，還是把你的世界拱手讓人？

靠沒有鋒芒的善良和無原則的妥協守住自己的「這世界」，絕對是一種天真。

這世界不管是一個好機會、好工作、好東西還是好伴侶，都不是大量生產、無限量上架供應的。你不去用力爭取，就只能帶著羨慕嫉妒恨的眼神，坐視他人撈走每一塊肥肉，連湯汁也不留一口。每個兩手空空又無路可走的人都不得不承認，人生是被自己親手廢掉的。

有時候廢掉一個人的，往往是那些隱形的絆腳石。閒散的過日子，時間久了，會腐蝕你對事物最初的炙熱渴望；做事習慣拖延的次數多了，會使別人對你的印象大打折扣。曾經的打混摸魚，最後都會變成跨不過去的坑；曾經得過且過的日子，最後都會變成困住你的城牆。

你以為微不足道的細節，最終會成為不可挽回的悲劇情節。

所以，人啊，可以犯一些無傷大雅的小錯誤，可以嘗試一些不規則的人生，但就是有一點要特別注意：千萬別選了不該選的，又放棄了不該放棄的。

生活是一場沒有硝煙的較量。你明明知道有對手卻看不見他的樣子，你即使輸了卻不知道輸給了誰，你明知道自己有可能會輸但仍不得不奮力拼搏。

不是所有的「等一等」都會有好結果。心儀的衣服再不買就下架了，心裡的話再不說就生疏了，喜歡的餐廳再不去就關門了，迷人的風景再不拍就消失了，喜歡的人再不表白就錯過了。人生短暫，機會有限，遇到喜歡的就努力爭取，寧可因為做錯了而後悔，也千萬不要因為錯過了後悔。

任何時代都只承認結果，它不分男女強弱，只論輸贏。不過，它雖然有些刻薄，但終究會承認你的努力。

當你迷茫時，你會發現處處是高牆、條條是彎路、步步有陷阱。你跨不過去，求饒了，那就是你的無底洞；你衝上前並撐住了，那就是你的加冕禮。所以，在那個你想要的結果到來之前，你只能咬牙撐住。

你本是一隻自由飛翔的鳥兒，別讓自己成為拴在別人繩上的鸚鵡。你來人間一趟，不是為了出盡洋相，不是為了把自己活成被人鄙視的樣子，不是為了把那個曾答應過自己要得到的世界拱手相讓。

生活不是用來妥協的，你退縮得越多，能讓你喘息的空間就越有限；日子不是用來將就的，你表現得越卑微，幸福的東西會離你越遠。不必一再地容忍，不能讓別人踐踏你的底線。挺直了身體向前衝，世界才會給你回饋。

過了二十歲，你要為自己設立一個標準：吃進肚子裡的每一樣東西，都是新鮮的、能給你能量的東西；記在腦子裡的每一句話，都是能讓你放棄偏見、樂觀向上的鼓勵；走進心裡的每一個人，都是能讓你心生愉悅、渴望相伴一生的那個人。

有了這個判斷標準，你就明白了這一生要怎麼過、怎麼活。你就不會在意他人的否定，也不在意他人的認可，明白了你既是自己的牆，也是自己的路。

現在，你想知道的答案和道理，都是你的了。當你闔上這本書的時候，希望你能輕輕對自己說，你終於知道要怎麼做了。

Chapter 1

你的付出，就是你的生活

人生是一場旅程，
我們用了多少的造化，
才換來了這份禮物。
要做一個有骨氣又圓潤的人。
有時候，也需要對這世界展現你的伶牙俐齒，它們可不僅僅是擺設。

你唯一能浪費的，只有你自己

你說

失眠就失眠吧，第二天再補回來就好；今天的工作做不完就算了，往後再延一天也沒關係的。

喵喵說

失去的時間，哪裡還能再補回來？你所謂的補，其實是賠進了雙倍的消耗和代價。

我們都太愛說來日方長，日後可以慢慢補償，但其實時間是無情的，它才不在乎你是否願意，你只要稍微耽擱、稍稍猶豫，它馬上就會幫你決定故事的結局。它會把你欠下的對不起變成還不起，又會把很多很多的還不起，變成來不及。

小君日前在一家電視臺當外派記者兼編輯。巴西里約奧運會的時候，小君飛到里約出差。去程的路上發生了一件事，對小君的觸動很大，不！是特別大。

當時她是從上海浦東機場起飛，中間停經巴黎戴高樂機場再到里約，這一路上得耗費三十多個小時。

在飛機上小君的旁邊坐著一個看似與她年紀相仿的女孩，小君一開始找座位的時候和她禮貌性地點了點頭，女孩也很禮貌地微笑。

在整個漫長的飛行過程中，小君睡睡醒醒的，剩下的時間，基本上是靠一本她很喜歡的心理學書籍來打發，原本就快要讀完了，想說在飛機抵達之前解決掉。

但是小君注意到，她身邊的女孩全程幾乎沒什麼休息，她總是抱著筆記型電腦在寫什麼東西。好像有兩次她闔上電腦瞇了一會，但時間都不長，小君醒來睜開眼睛一看，果然她又在工作了。

後來，小君實在忍不住了，終於等到那女孩吃東西的時候和她聊了幾句。

「工作很忙？我看你好像都沒休息。」

「嗯，臨時被派去做一個簡報，但在上飛機前出了點狀況，對方臨時告訴我主題有變動，我只好趕快調整，趁著在機上的時間準備。一下飛機，那邊的同事也需要這份文案去調整和準備。」

「你常常都這麼忙啊？」

「呵，也還好啦。做設計這行的，有時候就是這樣，在老外面前總不能丟臉啊。」

小君本來還以為，她們倆的對話應該也就僅限於此了。可是臨到目的地之前，對方主動地開口問：「對了，你正在看的那本書，你覺得怎麼樣？你好像看完了。」

「我很喜歡這本，我也看了一陣子了，今天才終於看完。感覺有點像在追劇，追到最後，都有點捨不得看完它。」

接下來，她略顯靦腆地笑了笑。

「那本是我翻譯的，很巧吧？」輕巧得就像在自言自語的一句話。

大概是看小君好像還沒聽懂，她又笑了笑說：「我是在國外讀書的時候看過原版，超級喜歡的，覺得對人很有幫助，後來就抽空翻譯了。不然，你問我裡面的內容？或者，我給你寫句話吧，呵呵。」

人生真的很奇妙，你永遠都不知道，開了外掛的人生，究竟會長成什麼樣。

小君說，原本她真的以為自己工作上已經夠忙、夠拼命了，但其實根本不是。原來，那些看起來過得很酷、令人稱羨的人，都在你看不見的地方卯足全力努力著。

人其實都是糾結的，特別在二十幾歲，會想是要先成家還是先立業？是要趕緊結婚生子還是繼續做自由的單身貴族？

你想給自己一個答案，但是，首先有一點你要明白，不管你走了一條怎樣的路，你都不能讓自己成為一個平庸的人。

一看到有人泡在咖啡廳裡，一邊喝著咖啡，一邊使用筆記型電腦，看起來好像在悠閒地寫稿子、看書、寫文案，就以為人家是假文青、裝格調。

但不好意思，人家是認真在工作。而你也不會知道，按照她的日程表，忙起來的時候，一天當中可能要飛三個城市，睡眠時間加起來可能不到三個小時。

其實，人到了一定階段就會明白，這世界根本就沒什麼大道理可講，所謂的好命和好運氣，其實無非都是努力付出而收穫，僅此而已。

你有沒有過這樣的經驗，忽然想放下一切，從某個地方逃走，比如正在開會的會議室、早晚擁擠的地鐵站、沒完沒了的考試……等，但為了晚上能享用一頓美味大餐，你放棄了這個念頭，繼續做著眼前的工作。

你一再推延著自己期待已久的旅行，想去海邊看看大海，去餐廳吃麻辣火鍋，帶著家人去聖托里尼、馬爾地夫……等等，這些念頭大家都有，但是真的實現起來，怎麼那麼難？一晃眼，就過去了一年、兩年，甚至三年、五年。

其實，有些話很尖銳，但也很真實。它所說的，的確就是現在的你。三分鐘熱度沒有毅力，做事情推三阻四，懶惰大於決心；激勵自己的話說了太多，卻只是說說而已；計畫制訂得非常完美，卻總是從今天推到明天，再從明天推到後天，到頭來什麼也沒做到；被一句話、一件事激起了奮鬥意識，準備好好努力，卻仍然堅持沒幾天就放棄了。

最可惡的就是，你明明知道，如果再這樣一天天耍廢、惡性循環下去，只會害了自己，可是你依然改變不了。

很多人都是這樣，總是把夢想留在未來，把旅行留在下一次，把想做的事留在以後。直到後來的某一天，你忽然明白了，原來自己敗給了時間。但事實是如何呢？事實就是，所有的理由不過是你為自己的拖延和懶惰找的藉口。這個世界上根本沒有「浪費時間」這回事，你唯一能浪費的，不過是你自己。

人們很少會真心嘲笑一個人的夢想和天分，只會嘲笑他不夠勤奮、不夠努力。所以，真的不要只是熱愛、只是想像，而是要動手去做。把懶惰放一邊，把喪氣的話收一收，把積極性拿出來，把矯情的心放下，所有想要的，都得靠自己的努力才能得到。

否則，將來有一天你會後悔，因為你會發現，要廢後的餘生可是比你想像中的難受多了。

不可能凡事都一帆風順

你說

一定要讀熱門的科系嗎？一定要擠進「百大企業」才算有出息嗎？

喵喵說

海明威說過：「年輕時候在巴黎居住過，那麼此後無論你到哪裡，巴黎都將一直跟著你。」大城市有什麼？有開闊的視野和廣闊的空間。當你什麼都看過了，就能減少偏見，使自己的思維更靈活。但無論是大城市還是小城市，也都很現實，就是只尊重成功。實力才是一個人最好的註解，其他就隨意。只要夠努力，你就能為自己贏來尊嚴、榮譽和更好的人生。

上下班時間，在擁擠地鐵的人潮中，你可能看過一位三十多歲的「眼鏡男」，身材瘦高，頭髮有自然捲，有時候戴著一頂鴨舌帽，有時候提著一個藍色帆布袋。他安安靜靜地坐著，手裡拿著的是一本波斯語原著。他十分專注地看著，不管車廂再吵雜，車上再擁擠，似乎都與他無關。

你可能會問，會一種特別的語言也不是很稀奇吧？但是，他會十二種。

他姓顧，是國家圖書館的一名員工。

在國家圖書館工作了十二年，他靠自學學會了十多種語言，其中包括波斯語、阿拉伯語、希臘語、土耳其語、印度語、法語、義大利語……不是只會「你好」、「謝謝」、「對不起」「再見」這些基本會話，而是真正可以做到聽、說、讀、寫和翻譯的程度，其閱讀量之大就可想而知。

在上下班的地鐵上，在家與圖書館之間的往返中，他每天看的基本上都是外文書，《荷馬史詩》裡的段落，他隨口就能用古希臘語背出幾句。

基本上，他就像一座移動的微型圖書館和一部語言小百科。

他說：「我對書的愛很純粹。」

他的生活經歷很平凡，年輕的時候他當過旅行社的業務，也做過展場的管理人員，而真實的他就是一個簡簡單單、愛讀書的人。對他而言，閱讀就等於生活裡的柴米油鹽。

我不知道，站在這樣的人面前，有多少人能自信地說自己飽覽群書？

對於這種平凡人的「事蹟」，你可以說是高手在民間，但在他身上能看到平凡中的不平凡，看到自己和對方之間的天壤之別。

也許，這就是大都市常常讓人不敢懈怠、努力上進的原因，因為不光是身邊的同事、主管、朋友中有一些人極其優秀。就連大街上某個毫不起眼的陌生人，可能也能以「碾壓」或者「秒殺」的方式讓你知道，「差距」兩個字到底怎麼寫，而這兩個字會經常提醒你：**放低姿態，保持謙虛**。

如果是比較有上進心的人，身處在這樣的環境裡，他眼裡所看到的都是更高的目標。如果他肯再努力一點、勤奮一點、自信一點，最後他達到的高度自然不會太差。

不會自以為有點才華，就對這個不服，對那個不滿。

不會因為獲得了一點點的成績，就開始自滿，無知地炫耀。

不會因為剛得到了一筆豐厚獎金，就以為自己已經脫胎換骨了。

不會因為被老闆誇獎了一句，就以為自己是公司最受重用的員工。

我敢打賭，那位讓那麼多人心生敬佩的圖書館人員，心中也一定有他所敬佩的偶像。其實這就跟賈伯斯所說和所做的事一樣：「Stay hungry,stay foolish（求知若渴，虛心若愚）。」

而這樣的人，無論到了多大年紀，無論在哪裡生活，總能找到最有力的支點，過好自己的一生。

大都市有大都市的美好，當然更要提醒你的是，很可能你再怎麼努力，也不過是勉強過著再普通不過的人生。

所以，不是所有人都能一路堅持下去。因此，要想清楚。

在大都市裡，你的存款就算有七位數你也不敢裸辭。或是從入職到離職，很多人甚至都沒有私下講過話，同事兩、三年了也不清楚對方住在哪。

你會發現，比規定的時間晚到十分鐘，就會被主管陰陽怪氣地洗臉一小時。

你會發現，比自己先來公司兩個月的「前輩」，不是只有好看的皮囊，還有直逼金馬獎的「演技」。

換句話說，大多數人所接觸到的「人脈」，根本就算不上人脈，僅僅是人而已。

當初，一位剛畢業就拎著行李北漂的朋友，每天在高級的辦公大樓裡進進出出，從辦公室的窗外望出去，就是知名企業的氣派辦公大樓。

他想像著下班後可以去吃個美食、逛個街、遛遛狗或看看電影。但事實是，在台北租屋的時候，他一年內最多搬了七次家。最後終於買房了，但每個月的薪水扣掉房貸也所剩無幾，吃穿住用、旅行、應酬等所有開銷，只能依靠公司獎金，或是拼命斜槓或以信用卡解決，想要存錢根本不可能。所以，他的「生活」裡除了工作還是工作。

前兩天，我看見他在社群發了一則貼文：「我覺得自己不是站在平地上，而是站在斜坡上，拼命地掙扎往上爬，才能艱難地留在原地。」

人生啊，如果真的想要「賺」到點什麼，也沒那麼容易。看看晚上十點依然亮著的辦公大樓，就知道有多少人還沒回家，他們可能還在埋頭苦命加班、開會。

但你問他們後不後悔、想回老家嗎？很多人都會說不會，因為即便不來這裡，我們的人生軌跡也不會盡是坦途。

這個世界上，從來就沒有什麼一帆風順，生活都是千錘百煉的。

我希望，不管現在正在哪個地方努力奮鬥的你，最後都會看到你想看的風景。

希望有一天，你的座位不再是那個小小的辦公室隔間，你的角色也不再是人生遊戲裡面的 NPC（非玩家角色）。

你的付出，就是你的生活

你說

理想很豐滿，現實很骨感。這個世界有太多的懷才不遇，只能認了。

喵喵說

能力、才華和魅力這些東西，就像黑暗中的光一樣，只要你有，哪怕非常微弱，總會有人發現，也總會有人被吸引。如果你覺得自己特別優秀，又沒有被任何人發現，最大的可能性是你還不具備這些東西。

朋友說，最近她親戚的兒子正在找工作。有一次，她去親戚家就和他聊了兩句。這一聊簡直驚呆了，完全顛覆了她的三觀。

那男孩找到一份需要試用期的工作，但是只做了兩個月就被勸退了。據他說，公司的同事只會欺壓菜鳥，大熱天還叫他去拜訪客戶；老闆太狠心，動不動就要求員工加班，明明感覺還不錯的企劃老是被挑毛病；而且公司離家有點距離，每天那麼辛苦通勤，遲到兩次就開始被扣錢……

朋友就問他，那公司應該也有人住得和你差不多遠，甚至比你更遠吧？他們也常常遲到、被罰錢嗎？你的企劃後來有人幫你改嗎？你覺得改得如何？

結果，當朋友一翻開他之前寫的企劃時，就立刻明白了。做得就跟學生報告般，完全談不上專業，因此根本無法拿給客戶看。

可怕的是，他的母親還在一旁抱怨，嫌棄現在的公司或老闆就不能人性化一點嗎？怎麼不能給新人多一些機會呢？

在那一刻，朋友內心的想法是：拜託，別再找藉口了！能力差還這麼理直氣壯？你吃不了別人都能吃的苦、你比別人容易放棄，公司對每個人本就該一視同仁，你憑什麼認為人家就應該一次又一次寬容你、一次又一次的給你機會？

很多人都會抱怨，為什麼生活沒有變成自己喜歡的樣子？為什麼老天總是不公平？為什麼理想很豐滿，現實卻總是很骨感？為什麼我們總是有做不完的工作、吐不完的怨氣、減不完的肥？抱怨之後，有的人終於認命並放棄了，而世界上最簡單的事情，其實就是放棄。

不想讀書了，你可以立刻闔上書，鑽到被窩裡睡覺；不想工作了、覺得太辛苦、老闆太苛刻、客戶太難搞，你可以立刻辭職；不想戀愛了，覺得煩了、累了，你可以說分手就分手，立馬恢單、擁抱自由。

但是如果你堅持下去了呢？若你堅持把書看完，你堅持把企劃改好，你堅持對另一半好一點、有耐心一點……你所看到和得到的東西，或許就真的不一樣。

未來還很長，如果你這也放棄、那也放棄，那麼最後的結果會是什麼？人只有堅持到最後才有放棄的權利，然而在你放棄以後，你將再也沒有彌補的機會了。

你可以選擇放棄，但你一旦選擇了就不要抱怨，因為這個世界最公平的就是，每個人都是透過自己的努力去決定生活的樣子。生活不是遊戲，那是真槍實彈的戰場，當初敷衍了事的事物，總有一天會露出馬腳找上門來。

人生路上，沒有人去替你思考，更沒有人會代替你去吃苦，當努力和信念融為一體的時

候，才會讓你活出與眾不同的人生，達成那個你渴望許久的願望。

所以，在能吃苦的年紀，不要選擇安逸。或許，時間和生活的神奇之處就在於我們沿途付出的辛苦，都會在前方的某一個轉彎處變成綻放的鮮花和掌聲，而那些苦只要少吃一個，可能就沒有今天的你。

所有的夢想都不會在我們睡一覺醒來就自動實現，在吃過很多苦、經歷過很多煎熬之後，你所積蓄的能量會像陽光般，驅散你前方道路的陰霾，並讓你遇見那個真正想成為的自己。

有時候你會發現，不是所有的忍耐都會苦盡甘來，不是所有的付出都會換來成功。他人隨隨便便就能獲得的，對你來說或許只是個夢。

你或許會感到很挫敗，但是人生向來都是順境與逆境交錯，你經歷的那些痛苦，也是讓你人生更進階的跳板。

很多努力，你在當下看不到結果，但它並非毫無用處，它只不過是被你儲存在一個罐子裡。當有一天，你需要這些知識和經驗來幫助自己的時候，就可以打開罐子，找到它來幫你。

努力和不努力的人的區別就在於，你打開的罐子是空的還是滿的。而那種滿的罐子，是會讓人有安全感的。

人生從沒有事事如意，計畫永遠趕不上變化。我們沒有預知未來的能力，不知道機遇和挑戰哪一個先來臨，所以我們必須隨時做好準備，可能你全力以赴後無法得到理想的結果，但是怎知道生活會不會在下一個轉角給你驚喜呢？

泰戈爾說：「不要著急，最好的總會在最不經意的時候出現。」

那麼，按照這個邏輯，我們要做的就是：帶著希望去努力，再靜待美好的出現！而最關鍵的前提是你得付出努力。

你改不改變、努不努力、優不優秀，全取決於你為此付出了多少心血。至於別人，他不喜歡你，他會不會忽視你的存在，這都不是你能左右的。若是因為別人的忽視而自暴自棄，就放任自己墮落，那麼過得不好的人最後還是你自己。

聰明人不會讓任何人、事、物成為自己不上進的藉口，實際上，沒人該為此負責。而你只有變得更好、更完美，別人才會重視你、尊重你，你也才有資格影響別人。

所以，為了自己去改變吧。有一份可以努力的工作，買得起自己真正喜歡的東西，去得了自己一直想去的地方。你不會因為任何人的到來或離去，也不會因為任何事情的發生和結束，而損失生活的品質。你花的每一分錢都理所當然，說的每一句話都心安理得。

若是將來某一天自己回頭看，你在哪裡遇見了某個人，有過什麼故事，一切都像是早已註定的，正是因為有了那些人或事，以及你以往所有的經驗累積，才能一步一步地把你塑造成為今天的樣子。

在你獲得成就之前，所有的一切都是為了考驗你是否扛得住，而一切不能把你打倒的事物，都會讓你變得更加璀璨。

不公平也可以是件好事

你說

人生總是很無奈，很多時候必須要說服自己，生活是沒有公平可言的，有些人就是比你有天分，有些人的人生就是比你省力，比你光鮮亮麗。

喵喵說

很遺憾，會這麼想的人，後來的命運是這樣的：哪怕給你一張女神的臉，給你一個富貴卓越的家世，你也未必過得好這一生。

朋友跟我說了一個她辦公室裡發生的事。

公司有位年輕女同事小Q，長相清秀、穿著素淨，話雖然不太多，但也不致於孤僻自閉。工作也很勤奮，表現很優異。至少，表面上看起來是這樣的。

可是，後來小Q被升職加薪了，而同時升職的人並不只有她一個，而且她還開著一台德國的進口車，因此小Q成了八卦和攻擊的對象。有的同事會在背地裡議論，說她一定是私底下給了主管什麼好處，不然大家能力都差不多，為什麼年輕的她那麼快就得到晉升。

但據朋友看來，根本就不是那麼回事。小Q是獨生女，家境其實不錯，但算不上什麼富二代。車子應該是父母買給她代步的，而本來父母是想幫她在公司附近買一間房子的，這樣上下班比較方便，可是她並沒有同意，她認為買房子這件事，她想要之後靠自己的能力購買。

至於工作能力，從事設計這一行創意是最重要的。小Q的想法比較靈活，總能提出一些其他人想不到的細節和亮點，而且執行能力可圈可點，幾乎沒有出過什麼疏漏。所以，她能被公司重視栽培，一點也不稀奇。

職場裡，最可怕的事不是你工作能力和別人有多大的差距，而是你把別人憑實力得到的嘉獎都歸因為靠關係、見不得人，覺得自己辛苦為公司付出都不被重視，一味把自己當作「不公平」的犧牲者，這才是最可怕的事情。

這個世界上最殘酷的事情之一，就是有比你更努力、背景和外表等條件比你好的人。真正過得好的人，外在的條件能影響未來發展的原因其實很有限。能夠決定你過得是好是壞的，最終還是你自己。

關於小Q，還有一件事。當初面試的時候，小Q看見自己桌上的水杯留下了水漬，她身邊剛好沒有紙巾，就向旁邊的人要了一張，但是她把一整張的紙巾撕了一半，只拿一半去擦拭，把剩下的一半重新折好收起來。

在她走出房間以後，面試她的人事主管就說：「這女孩，一定要錄取。」

其實別人都不知道，主管本來是不打算聘用小Q的，原因還是出在那輛車上。因為面試當天，小Q在找停車位的時候，主管的車就在她的後面，當她停好車下來剛好被主管看見。主管心裡想法是：這女生年紀輕輕的就開台進口車，說不定又是個不好伺候的富二代。

後來熟悉了以後，主管還和她聊起過半張紙巾這件事，她似乎完全忘記了，只笑了笑說：「是嗎？反正能不浪費就別浪費嘛。」而且，小Q並不是出門都會開車，她其實挺節能減碳的，面試那天她之所以開車，是因為她面試完以後還要去機場接人。

人最怕的並不是沒有握住一手好牌，而是不管自己手裡的牌是什麼，只盯著別人的好運，沒有看到別人的努力。一個看不到也不相信努力意義的人，是可悲的。

所以，最沒營養的話就是：「別人天生麗質，他們家裡多有錢有勢，我再怎麼努力也比不過！」

心理暗示真的是一個很詭異的現象，它會在潛移默化中，把一個人慢慢塑造成他所預想的某種樣子。

「沒背景、沒資歷、沒顏值、沒高智商……這不能怪我啊！」因此許多人允許自己懶散，也允許自己不認真。這究竟是什麼鬼邏輯？不正是因為沒有別人的優勢，才應該更加努力嗎？

當別人不眠不休備考的時候，你在幹什麼？

當別人絞盡腦汁查資料、趕報告、寫企劃的時候，你又在幹什麼？

有多少人，一邊抱怨命運的不公平，埋怨為什麼自己沒有富爸爸，也沒有美麗的皮囊，但抱怨的同時仍然過著每天熬夜追劇、睡覺睡到自然醒的生活。

別人每天都比她早起一個小時，她看不見；別人在最想放棄的時候多堅持一下、多勇敢一點，她看不見；別人承擔了更多更大的任務和責任，她還是看不見。

可以想像，數年之後，當別人過著理想的生活、得到想要的東西時，她這時看見了也眼紅了，但她覺得別人靠的全是背景、關係、顏值和心機。

人的精力都是有限的，如果用百分之五十的心力去感慨命運的不公平，計較一時的輸贏，用百分之四十的心力嫉妒和評價別人，剩下的百分之十才用來改變現狀，又怎麼能支撐起百分之百的飽滿人生？

不妨放眼看一看，在你的職場或校園裡，埋頭苦讀、努力上進、性格溫婉的女孩子其實不在少數。她們比誰都清楚，更好的生活一定是要靠大腦和雙手來爭取的，而不是單靠運氣或手段。

我們都應該更靠近另一種生活的姿態：不卑不亢，多關注自己的成長，而不是別人的「好命」。

每個人都是在各種不公平和起起伏伏裡求生存。一時的不公平，並沒有強大到可以左右一切、摧毀一切；一時的輸贏，也不會剝奪任何一個人向前奔跑的權利。

人生的起點會有一定的差距，這是每個人都必須接受的事實。然而，在一時的不公平和輸贏之外，你可曾捫心自問：「自己應該付出的那一份自我修煉，是不是盡力而為了呢？」

命運對不同的人生有不同的安排，但只要你努力，你一定能在自己的能力範圍以內，給自己最好的安排。其實，你並不是沒得選，你在每一天都有機會選擇做什麼、不做什麼、做到何種程度的機會，不是嗎？也正是這些選擇一天天地積少成多，才成就了我們每一個人的人生。

年輕的時候覺得這個世界很不公平，後來發現這個世界就是不公平，但不公平也可以是一件好事，它會讓你別無選擇，只能更加努力。

一個人真正的成熟，往往從忘記公平和輸贏，埋頭走自己的路開始。專注於自我成長，而不是外界的干擾，這是一種特別重要的能力。

所以總有一天，你的稜角會被外面的世界磨平，不再為了一點小事而大動肝火，也不再為一些私底下的算計憤憤不平。你會拔掉身上的刺，你會學著對討厭的人微笑，變得波瀾不驚，你會漸漸變成一個不動聲色的人。

這未必不好，甚至是一個必然會到來的過程，但前提是，你始終相信努力的意義，依然對未來保有好奇心、創造力以及想像力。

有一天，你會發現，年少時的夢想、年老時的好奇心，有多美好……

做自己喜歡的事，跟年紀沒關係

你說

你的那篇小學作文《我的理想》，你早就忘記寫過什麼了吧……

喵喵說

《阿甘正傳》裡，當別人問阿甘「你長大以後想成為什麼人」的時候，你還記得阿甘是怎麼說的嗎？

他說：「什麼意思？長大以後，我就不能成為我自己了嗎？」

人之所以累，是因為越來越不會做真正的自己。你要知道，上天既然給了你一次生命，便自有它的道理，而你總要試著開闢出一條自己真正喜歡的路，才算值得。

首先聲明，以下不是廣告。

當你路過東京銀座的鈴木大樓時，可能會瞥見一家亮著暖調燈光的小店，落地的玻璃窗內大概只有一個人影，手捧著一本書，低著頭認真閱讀。

於是你以為這是一家書店，抱著隨便逛逛的心態走進了這家店。結果你發現，這家店實在太小，大概也就只有幾平方米。沒有書架，唯一的傢俱是一張年代感十足的桌子，正是這家店的收銀台。除此之外，牆上倒是掛了幾幅畫。

你感到疑惑，招牌上明明寫著「森岡書店」，可是什麼都沒有。要知道，在寸土寸金的東京銀座，即使再小的店面，也不敢這樣「浪費」昂貴的空間。

其實，這真的是一家書店，老闆是一個叫森岡督行的年輕人。「一室一冊．森岡書店」，意思是「一間房，一本書」。這如果不是世界上最小的書店，也必然是世界上藏書量最少的書店。

森岡書店每週只賣一本書。在這裡，讀者沒有任何挑選的餘地，他們只能選擇買或不買，但通常情況下，踏入書店的人走的時候都會帶走這本書。

這不是一個噱頭，而是森岡督行在電子書盛行、網路購書成為主流、實體書店紛紛倒閉的當下，為讀者提供的新選擇。森岡督行和他的團隊每週精心挑選出一本好書在店內販售，再根據這本書建構一個相關主題，策劃一系列與這本書有關的展覽、活動和對話，而這些體驗是讀者無法在網路上獲得的。

其實，很多人進到書店時並沒有抱著明確的目的，他們不過是來挑挑揀揀，遇到一本好書也成了一件需要碰運氣的事，也有可能在千挑萬選之後，還是選到了一本爛書。

所以很多時候，他們總是會在幾本書之間糾結，就好像買菜一樣，牛肉看起來新鮮一點，但我好像更想吃豬肉。糾結了半天，終於把豬肉買回家，才發現這塊豬肉竟然是重組肉。

數量繁多的書籍，常常使讀者迷失其中。森岡督行想做一件事，就是挑選出新鮮的牛肉，剔除重組豬肉，幫助讀者做出選擇。因為他明白，收藏一件精品，比收藏一大袋的垃圾要有價值得多。

其實，你大概已經明白，我想說的無非就是：**你的生活應該是你「精選」之後的樣子，那樣的生活才是你自己的，也才真正值得一過**。

當然，現在的你年輕又徬徨，你想法很多但迷惘的事也很多。但正因為如此，更要請你記得，別急著把太多的人和事請進生命裡。要學會專注、學會揀選，甚至學會捨棄和拒絕，並為此負責。

我們常常會遺憾甚至埋怨自己，選擇了一份與自己興趣完全無關的工作，這常常就是人生最弔詭的地方。你最喜歡的事，一般不會成為你的工作或者職業，所以，你總覺得自己懷才不遇。

可是，換一個想法來看呢？

你有沒有認真想過，喜歡的事成了自己的事業，也不見得是一件多美好的事。你要知道，任何領域都有自己既定的規則和體系，而它要成為你生活的物質保障，就必定要求你足夠專業。可是，一旦如此，長年累月下去，原先被加之於愛好之上的那些純粹的興趣，那些因為距離所產生的美感，就很容易被磨平、被消耗。

所以，哪怕是你眼中最幸運、最無憂無慮的人，也依然需要在自己的本職工作之外，找到可以大膽安放自己靈魂和精神世界的家園。

工作永遠都只是人生的一部分，在它之外，你要為自己保留一些真正喜歡的東西，去做你真正想做並讓你覺得十分享受的事情。

你不會依賴它養家糊口，然而，正是因為它無法供養你而你依然如此喜歡，你就不能說它是無意義的。那是任何物質都無法衡量的東西，而連物質也衡量不了的東西，你說那有多珍貴？

無論人生的際遇如何，你要相信，你想得到什麼，總得拿出代價來交換。畢竟，那個更好、更美、內心更有力量的自己，從來不是平白無故出現的。

記住，你擁有什麼，才有資本換來什麼。所以，別總是遺憾自己懷才不遇，也別總是羨慕別人如何光鮮亮麗，每一種生活都有它自己的美麗與哀愁，也都有你必定要承擔的東西。

羅曼・羅蘭說過一句話：「**這世上只有一種英雄主義，那就是在認清生活的真相以後，依然熱愛生活。**」

不要只是熱愛，要真的去做點什麼

你說

有時候真的覺得自己就像一個木偶，背上有無數閃亮的銀色絲線，操縱著你的一舉手一投足，去完成被設計好的所有悲歡離合。

喵喵說

是木偶也好，是風箏也罷，自己的日子終歸要看自己怎麼去詮釋。仔細想一想，人生中有哪件事是等你選好時間、挑好人、什麼都問清楚、都滿意了以後才發生的？沒有人的人生是量身定制的，也因此才會有那麼多的奇蹟和驚喜發生。

「人的潛能是可以挖掘的，若你要說一切都太晚了，那麼這可能是你退卻的藉口。沒有誰能阻止你成功，除了你自己。」

反觀我們自己的生活，有多少人其實只是在假裝彪悍，總是一邊抱怨事情來不及做，一邊卻又懶惰地滑著手機浪費分分秒秒；總是抱怨自己得到的太少，卻不願去想是否有過相應的付出；總是抱怨運氣不好，卻不肯承認運氣的眷顧也要建立在足夠的努力之上。

無論什麼事，無論太晚或者太早，都不會阻攔你成為真正想成為的那個人，這個過程沒有期限，基本上只要你想，隨時都可以開始。

當你想考一個證照或者學一樣新的東西，不管是跳舞也好、樂器也好，但是你猶豫了，你說已經三十五歲了，學完就四十歲了。

但事實是，你不去學，你五年之後也同樣是四十歲啊？事實會向你證明，如果你不努力，幾年以後的你，還是如今在原地踏步的你，只是多了迅速老去的歲月痕跡。所以，不要只是熱愛，而是真的去做點什麼吧！

當然，很多事我們控制不了，我們最後所走的路，也會遠遠不同於我們最初的設想。我們唯一能夠做的，只是做好自己。抓緊時間多做事，珍惜每一個還在身邊的人，避免製造更多、更深的遺憾。

當你在面臨一些重大選擇的時候，你會覺得還沒有準備好，你左思右想又覺得前面困難重重。但事實就是，哪怕給你再多時間去準備、去計畫，到最後，你依然會覺得還有一些部分不夠完善，依然會不安而感到擔憂。然而這就是生活，它永遠都沒有「萬事俱備」這件事，永遠都會有新的問題冒出來。所以，有些決定做了也就做了，遲遲不做決定的結果，也只會越來越不安。

所以，如果你想要做什麼，那就大膽去實現吧。至於那些欲走還留的旅行、猶豫不決該不該換工作、一拖再拖的計劃……當你以後有了更多的牽絆，讓你後悔的一定不是你做過什麼，而是那些你很想做但卻沒去完成的事。

相比於其它，我更希望你能勇敢一點。

二十幾歲，我們也許貧窮，卻擁有著放肆暢想未來的資本。

二十幾歲，我們也許幼稚，卻一天天積蓄著走向成熟和強大的勇氣。

二十幾歲，我們也許笨拙，卻堅信一定會迎來一個越來越好的自己。

二十幾歲，以年輕的名義，多想、多試、多做，豐滿起自己的羽翼。然後在三十歲之前，及時回頭、改正。從此，褪下幼稚的外衣，努力做一個有智慧的人，開始擔負、開始征服，開始頑強地愛生活、愛世界。

Chapter 2

改變自己不是因為你能做什麼，而是你該做什麼

既然誰都可能失敗，
為什麼偏偏會是你呢？
既然一定有人可以，為什麼不能是你呢？
這個世界不只看外表、比背景，它更看實力。

吃虧沒關係，怕的是你沒成長

你說

初入職場，常常會遇到這樣的處境：明明自己已經很努力了，為什麼老闆就是不滿意呢？我很羨慕那些脫穎而出的人，我不斷地反覆問自己：什麼時候才能等到自己被認可的那一天？

喵喵說

做事要以「可交付」，而不是「我盡力了」為標準。如果你的付出只是機械化的重複而沒有任何突破，那就是原地踏步。真正能決定一個人在職場的高度，是你能創造多少價值和利益，而不是你能付出多少時間和真心。不必急於證明自己，不必害怕失敗，所有的閃閃發光，都是一步步累積而成的。

小堯，是閨密的弟弟，我算是從小看著他長大的。

他雖然不是什麼學霸，但從小到大成績一直都還不錯，考試能超常發揮，考上的是公立大學。大學沒被當過，很勤奮認真，該考的證照也都考到了。至於個性部分，他算不上「品學兼優」那種學生，但三觀和修養都絕對沒問題。總而言之，他大概就是屬於那種在人群中不會太顯眼，但至少各方面跟「大多數」人一樣。

我一直以為，小堯畢業以後會從事一份相對穩定的工作，就像是考公務員或者去金融業之類的，但他沒有，他進了一家廣告設計公司實習。然而，第一個案子就讓他體會到了什麼叫作自信「跌停」，他前後交了十三次的企劃，也被駁回了十三次。

一切似乎都跟他當初想的不太一樣。原來，「有什麼不懂的可以隨時問我」只是一句禮貌的客套話，當你真的去問的時候，老員工對新人說的話只有幾個字，大部分的訣竅還是得靠自己。

原來，老闆並不會因為你是新人，就把對員工的要求降低，如果想不出讓客戶滿意的創意，你加再多班都沒用，只是在浪費公司的電而已。

小堯也不是玻璃心的人，公司交給他的專案也不是十萬火急的，公司給他兩週的時間，時間上算是十分充裕了，加上他自己主動加班，前後分批做了十三次提案，但在客戶那裡無一「錄取」。

面對這種情況，親友都會安慰他：「沒關係，你才剛畢業，肯定很多東西要學，慢慢來。」而我的看法是，以後等你經歷夠多了，自然就會慢慢明白一些事實。

若換作你是主管或老闆，當員工交上來一個過不了關的提案、腳本或者企劃案，如果是因為時間太趕、人手不夠，還尚可接受，但如果員工告訴你，他已經很努力了，他查了很多資料，也請教了好幾位同事，加了好幾個晚上的班才做好這份提案，這時的你會怎麼做呢？以一個公司的老闆角度來看，可怕的並不是你經驗不足、提案做得不好，真正可怕的，是你即便已經很努力了，但做出來的東西只有這樣。所以，我首先肯定你的確很努力，但是很遺憾，我更想看到你的潛力和未來的升值空間。

基本上，經過幾次類似的事件，這樣的員工最終是去還是留，對於一個沒有太多耐心來培養新人的公司來說，答案已經顯而易見。

一個公司也可以接受「老黃牛」，態度踏實認真，工作能力也跟得上。但對於新人，公司最看重的還是你的工作表現和適應能力，就像小堯和那家公司，小堯有努力去完成工作，公司也給他足夠的發展空間，只不過磨合出來的結果並不理想而已。

小堯後來又換了兩家公司，熬過了一段自我懷疑的期間，人也瘦了一大圈，小堯依然沒有去考公務員或去金融業，他畢業後就到了一家廣告設計公司工作。結果，就像鑰匙開對了門鎖一樣，一切開始慢慢進入正軌，他陸續完成了幾個不錯的專案，一步步成為那家公司最年輕的高級主管。兩年後，小堯被挖角到更大型的廣告公司，目前的職位是部門副總監。

※

人生的路，真的好像一張藏寶圖，你會在哪一站找到寶物、踩中機關、找到出口，都說不準的。

在「尋寶」闖關的過程中，每個人所遇到的困難模式都不一樣，而命運其實很偏心，有時候它會不厭其煩地在一個人身上製造困難，不管做什麼事都卡卡的。然而有時候，命運卻給另外一些人不斷提供優待，擁有高顏值、能力強及好性格，畢業學校是一流名校，工作的企業是前五百大，簡直就是開外掛的人生。你不得不嚴重懷疑，上帝既然給他敞開這麼多道門，但到底給他關上了哪扇窗？

我們大多數都是屬於前者，跌跌撞撞地長大成人，一張白紙似的踏進職場，赤手空拳地開始闖關，誰也不比誰幸運多少。但是三、四年之後，差距就出來了。

有人做到了公司的中間管理層，有自己的團隊，有豐厚的獎金，有拿得出手的漂亮成績。

有的人年紀輕輕就創業了，而有的人維持著特定的頻率，公司是一家又換了一家。

也許對於現在的很多人來說，工作就只是工作，而非事業，半年內換個兩、三家公司的情況並不稀奇，理由也許是因為人際關係使自己心太累、在公司感到受委屈了，或是太常加班、通勤太累，因此工作一個接著一個換。

換工作可以，但關鍵是換了之後你有成長嗎？成長了多少？

剛踏入職場，多踩幾個雷、交點學費並不可怕，怕的是吃了這些虧你卻沒有成長。

人的ＥＱ、眼界、創意、觀察力、自制力，這些看不見、摸不著，卻又是比技術層面更關鍵的東西，都是需要時間、生活甚至是挫敗來慢慢供給和滋養的。

所以，**雖然和社會的磨合過程很痛苦，但是那些為了生存而付出的努力，受挫之後的反省，才能帶給你真正需要的東西**。

希望目前手無寸鐵的你，可以早點找到自己人生藏寶圖裡的寶藏。也希望你早點明白，那些用放棄、偷懶、躺平換來的舒服，不一定是真正的舒服，而你用吃苦換來的成長，一定是真正的成長。

改變自己不是因為你能做什麼，而是你該做什麼

你說

人生就是這樣，當你失去某樣東西，命運肯定會用另一種方式補償。

喵喵說

總有一天你會明白，其實你所失去的，命運並不會以另一種方式補償，而得到補償的人，都是透過不斷的成長，用更好的自己與機會重逢。

同學的弟弟剛大學畢業，找了份工作，然後天天下班一回家就喊累，說自己為了能把工作做好，已經改了不知多少遍，可是主管總是不滿意。

其實，我的角度可能和他不太一樣。苦勞就等於功勞？我想你可能是誤會了。如果一段文案你來來回回修改三十幾次，一個ＰＰＴ你要改四十幾遍，這能證明什麼？證明你很努力、很勤快？應該不是吧！

你想想看，如果一個人的臉上動了幾十次整容手術會怎麼樣？他原來的樣子還在嗎？估計跟換了顆頭一樣，早就變成另外一個人了吧？

所以同理，改得太多也意味著你從一開始就不夠專業、不夠用心，甚至意味著你資質平庸，也意味著你在浪費同事們的時間和精力。

話說回來，這份工作你之所以做得如此吃力，會不會是因為你當初偷懶了？

蔡康永曾經說過：「十五歲覺得游泳難，放棄游泳；到十八歲時遇到一個你喜歡的人約你去游泳，你只好說『我不會』；十八歲覺得英文難，放棄英文，二十八歲出現一個很棒但要會英文的工作，你只好說『我不會』。人生前期越嫌麻煩、越懶得學，後來就越可能錯過讓你動心的人和事，錯過最好的風景。」

真的是如此。減肥的時候偷懶，夏天時望著滿街的修長美腿，你只能對著自己的肥肉生悶氣。上學的時候偷懶，聽說同學們一個個念名校、進入知名企業的時候，你又只能在半夜自怨自憐。

有的人，一輩子只做兩件事：不服與爭取，所以日子越來越好；也有的人，一輩子只做兩件事：等待與後悔，所以越混越差。

平時總是愛說：「反正以後的日子還很多。」然而，有些機會你一旦抓不住就永遠錯過了。來日其實並不方長，那些你以為永遠來得及的事情，就在你一次一次的「沒關係」、「等一等」裡，再也回不來了。到了最後，你能做的也許只剩一聲嘆息。

所有曾經的偷懶及僥倖，在未來都會成為被打臉的原因。

真正聰明的人，是能夠把時間當朋友。其實我們生命中所碰到的一切美好事物，都是以秒計算的，所以請珍惜你擁有的所有時間。

※

在這個世界上，能成為被尊崇的人始終是那一小部分人。真實的你，或許和大多數女生一樣，身材過得去，性格、長相也都還好，以前讀書的時候成績算前段班，現在薪資收入也算不錯，但仍心有不甘。

上天就是給了你一個很普通的人設，也許你的夢想是別人毫不費力就觸手可及的，但這也沒什麼人不了的。普通人也有自己的路要走，而且你普不普通和你該不該努力之間，根本就沒有必然的因果關係。懷著單純的小夢想和目標，把每一步走得踏實而堅定，這就是我們每個普通人生裡最動人的地方。

這個世界上，想把日子過得精彩一點、舒服一點的人，必須做到兩件事。

第一，安安靜靜、踏踏實實地保留一部分最想保留的自己，那是當你在遇到大事發生的時候，唯一能自救的東西。

人不可能一輩子活在羨慕裡，連奧黛麗．赫本在她自己眼裡也有不少缺點呢！她說她不喜歡自己的臉型太方，也不喜歡自己的鼻子太尖顯得鼻孔好大。她覺得自己的瀏海太稀疏、眉毛太粗。她太瘦、甚至平胸，而且相比於上身的纖細，她的腿由於跳了多年的芭蕾舞而顯得有些粗壯。

但這又怎樣？不管多少年過去了，我們依然留戀於她動人的一顰一笑。

第二，尊重一切的不盡相同，別把自己的想法和審美強加於他人身上，也別事事都被他人的想法所左右。

每個人想要的生活都是不一樣的，就像不是所有人都想過著雲淡風輕的悠閒生活，開個咖啡館或者書店，養上兩隻呆萌的小寵物，覺得人生已足夠。一定也有人是喜歡冒險和挑戰的生活，寧願往前奔跑時被絆倒，也不願意平淡無趣地走完一輩子。

在這個世界上，每個人的想法和要走的路都不會相同，更不會一成不變，而是經常處在不斷的變化和調整當中。到後來你會慢慢發現，生活最有魅力的地方，就是它的多面與多變，而你要懂得尊重別人有和你不同的選擇，允許別人走和你不同的道路。

曾經，我們可能和很多人一樣，以為幸福就是大房子、是好車、是滿桌的佳餚。**其實最幸福的人生，是你活出自我，是你在不知不覺當中，真正活成了自己喜歡的模樣，做喜歡的事、愛想愛的人**。這樣，才是最好的自己、最好的生活。

不管怎樣的愛情，都不值得失去自己

你說

我願意在遇見那個對的人的時候，花光所有的運氣，傾盡所有的力氣，一起看著容顏老去。

喵喵說

其實運氣這件事，上天給誰的都不會太多，這世上也沒有人能花光你所有的運氣。真正對的人，一定會讓你覺得，遇見他之後，好運氣才剛剛開始。

昨天睡覺前，某個群組聊天室裡忽然熱鬧起來，因為小Ａ發過來幾張截圖，是某位男生最近和她的聊天記錄。很明顯這位男生有意要追求小Ａ，但是兩人誰都不肯先表白。

沒等其他人回覆，倒是群組裡的Ｍ馬上就回應了，他似乎是忍不住開起了玩笑：「可愛的小姐，你們的故事就像是八點檔的狗血電視劇，兩人在那裡互相猜來猜去真的可以演個八集以上。拜託！若是喜歡就趕快給大家個痛快。」

其實，那男生是挺優秀的，當初他和小Ａ是在Ｍ結婚的時候，是當時的伴郎和伴娘。兩個人無論是外貌還是家世，真的都蠻登對的，周圍的朋友也是很積極在撮合。

然而，小Ａ突然變得很糾結。她說，人有時候很奇怪，當初談戀愛的時候不會去介意的東西，後來反倒會變得介意起來，比如會忽然莫名其妙地介意起他的前女友。

其實，我很能理解小Ａ的感覺，她其實代表了一大部分人對於愛情的態度，年紀尚輕的時候可能敢愛敢恨的，愛了就是愛了，不適合就分開，不會想太多。

但年紀漸長，考量的事情就會越來越多，一顆心在還沒徹底交出去之前，就已經想東想西，生怕再遇到錯的人。而她之所以這麼猶豫，是因為她真的很認真看待這段關係。

我們的害怕來自於心裡不踏實的欲望，怕它們遲早就像泡沫一樣，就算再美麗，依舊還是免不了一觸就破的結局。

我們的害怕也來自於未知，不知道前面究竟有一個怎樣的結局。在那個強大的未知面前，我們膽怯、迷茫、惴惴不安，生怕走錯一步，就如同蝴蝶效應一般，一步步錯下去。

但是，你不往前邁出一步，你就不知道未來究竟會發生些什麼，至於到底是驚喜還是別的結果，相信自己，其實你都應付得來。

※

我很想問你一個問題：一個人的夜晚，你在上網的時候，能堅持多久不開聲音？

看美劇、綜藝節目、電影、聽剛下載的歌……隨便什麼聲音都好，常常我們也不會盯著畫面看，就只不想要太安靜而開著。

單身的日子久了，很容易相信一句話：這世界不論男女，只看輸贏。

有的女生說，自己是單身主義不婚者。事實上，她是真的有足夠的能力，讓自己一個人也可以過得很好。

有的女生說，她對婚姻不抱任何的希望和信心。她本身就出生在離異的家庭，不巧的是，用心談過的兩次戀愛還都遇上了渣男。

有的女生說，她是感到害怕，不是害怕一直單身，而是和單身相比，她更害怕將就，害怕自己有一天是為了結婚而結婚。

愛情是需要緣分的，而緣分大概就是，這個世界上有那麼多的城市，每個城市裡有那麼多行色匆匆的人，以及那麼多的店家，而他卻在那一晚，偏偏走進了你在的那一家。

然而，遇見充其量也只是負責給每個故事開一個頭而已，無論你是單身還是已婚，若是想過得舒服自在，就要為自己找一個真正屬於自己的棲息地。

日本女作家新井一二三在《午後四時的啤酒》中描寫了這樣一個女子：

她每天上午跟大家一起喝咖啡，中午吃飯時也喝點飲料，但是到了下午就什麼也不喝了。有一次別人問她口渴嗎？她很昂然地回答說：「當然非常渴，但是渴了幾個鐘頭以後才喝的第一口冰啤酒，我敢斷定為世上最好喝的東西，簡直是甘露。」

原來，每天下午四點，她比其他人早下班回家，在丈夫還沒回來之前，先一個人坐在客廳沙發上，一邊看著窗外美麗的風景並一邊喝著啤酒。

她說：「很快就要開始做晚飯了，我自己放空的時間並不長。但是，我的生活，就是為了這一刻。」

其實，不管你有沒有遇到，或者遇到了怎樣的愛情，也不管你喜歡誰或者是被誰喜歡，那都不意味著你必須要失去自己。到最後你會發現，生活最好的狀態不過就是：**一個人，安靜而豐盛；兩個人，溫暖而踏實**。

願你不再錯過，更願你不必將就。

你真正喜歡和想要的，沒有一樣是可以輕易得到的

你說

我們都是這世界的實習生，滿懷期待地想要實現夢想，但這世界卻告誡我們，你的夢想不切實際。當你越想要什麼，越是不給你什麼。

喵喵說

不要覺得自己的夢想遙不可及，如果你有想要的生活，那就努力讓自己配得上它。最爽的人生，就是喜歡的東西買得起，想要的東西要得起；身上的才華，撐得起自己的野心；內心的欲望，也配得上自己的本事。

你有沒有過這種情況：打開今天想看的書，只看了兩頁就拍張照片，傳到社群軟體上，等著大家按讚並留言，等待與渴望被關注的時間一點一點過去，直到天黑了才發現，那本書一直就停在第二頁上。

想趁空閒時看個英語進修一下，但看看時間還早，就看一集電視劇吧。這個電視劇怎麼這麼難看，還是玩一下手遊吧。遊戲玩得差不多了，一看時間已經半夜十二點了，算了，還是明天再學吧，反正也不差這一天。

口口聲聲說要減肥，卻總是管不住自己的嘴，看到新的美食店都要去品嚐一下，看到哪個好吃就買來吃看看，還不斷地安慰自己，減肥也不差這一頓。

這是一個親戚的真實寫照，最近她來我家暫住一段時間，說待在家實在太放縱了，得換個地方改掉懶散的狀態，並讓我督促她。

我確實督促了她，但她每次都會有很多藉口，什麼拖延症啊、懶啊、人生苦短啊，還有著勇於自嘲的幽默感。

然後她一邊說著：「唉，我也想改變啊！」「我好迷茫，好無助！」「我也不想這樣！」「我想做得更好，但就是找不到方向」，日復一日地重複。

結果直到她回家，我也沒看到她有什麼實質的改變。前兩天還傳訊息給我，依然聊著同樣的問題。

人生是一個過程，該做的不去做，想做的還不做，就等於白活。這世界從來不缺想法、不缺夢想也不缺計畫，而是缺少行動。計畫了很久就要趕緊執行，總是在被窩裡找各種理由放棄；夢想了很久未來要過什麼生活，但卻總是瞻前顧後、顧慮太多。

其實，當人生到了一定階段你就會懂得，這個世界上最深的孤獨和辜負，就是你明明知道自己的渴望，卻對之裝聾作啞。你心裡明明就是知道的，那些迷茫無助都是自欺欺人，都是自己找的藉口。

人一旦為自己找到一個錯誤的藉口，不久就會再為自己找到一百個藉口。

這世上大部分的人，第一眼就看上的衣服往往還買不起，第一眼就心動的人往往不會喜歡你。所以，你真正喜歡和想要的，沒有一樣是可以輕易得到的。但同時你還要知道，世界不曾虧欠每一個努力的人，而這就是你要努力奮鬥的理由。

如果你想要有所成就，就要放下那些迷茫的藉口，積極地行動起來，如此才能收穫你想要的一切。

※

你在什麼時候感到最無助、最惶恐、最不安、最患得患失？是失戀還是找工作時四處碰壁？是剛就業並成為兩手空空的「月光族」？還是得知當年班上成績比你差的同學現在的生活過得比你好？

你是不是心懷不甘，倔強地想證明些什麼，結果卻總是不停受挫？你是不是有點疲憊，執著著什麼卻總是一再失敗？你是不是有點灰心，前面的路似乎沒有方向，徒留你一人孤身奮戰，單打獨鬥？

基本上，每個人都會經歷這樣一個階段，既嚮往遠方又渴望安頓；既害怕改變又不安於現狀。說到底，你所遭遇的很多問題，無非就是因為兩個字「貪和懶」。

因為貪，我們有過多不切實際的想法。稍不如意，各種負面情緒、負能量就伴隨而來，整日低落消沉；因為懶，我們總是沒準備好，總是慢人一步，總是優柔寡斷，總是錯過時機，總是不如意。

每個人終究都要為自己的人生買單，你會明白自欺欺人、不停找藉口，絕對是最愚蠢的選擇。畢竟，就算你的種種理由說服得了別人，卻改變不了自己的困境。

在夢想面前，還是要做個不知足的人，最可悲的狀態無非就是既害怕這一生碌碌無為，還只能安慰自己說平凡可貴。

人這一輩子，一定會遭遇到一些事、一些人、一段生活，會讓你飽受煎熬，這是上天為了成就你給你挖的一個陷阱，而你在裡面的表現決定了你未來生活過得如何。

你冷靜、理智，你積極、堅持，能夠做到把所有苦往肚裡吞，最後還能從陷阱裡爬出來，離陷阱越來越遠，你就贏了生活、贏了自己。但若你爬不出去，那就是你的無底洞，萬劫不復。

所以是時候了，讓生活塑造你或去塑造你的生活。不要任性、不要矯情，要對自己狠一點，你需要的是真正的改變。

野心、夢想和底氣，這些絕不是說說而已，而是你未來的全部依靠。因為，你如何努力，未來便如何發生。

※

心裡帶有火花的人，才能被點燃。如果你心有不甘，那就踏踏實實去努力，去為自己創造更好的生活和境遇。世界那麼大，人生的道路和選擇又那麼多，一定容得下一個勇於追求夢想的年輕人，去一步一步、認認真真地走向自己所設定的人生目標。

你不必有多麼了不起的成就，只要你能夠透過努力把曾經以為的「不可能」變成「可能」；把「做不到」變成「做到了」；把「做不好」變成「做好了」就夠了。

這樣的你，走過人生的風雨之後，就印證了這樣一句話：「生命中無時無刻都有可能會令人感到害怕，但是你沒有讓它阻止你去做想做的事。」

我們誰都無法選擇出身和背景，卻有足夠的能力去選擇怎樣過自己的人生。如果沒有，那只能說明你還未曾真正嘗試及努力過。

你要深信，趁年輕時多一些努力，就多幾分收益，沒有什麼比這個投資更划算了。無論什麼時候，優秀是一個人最大的發言權，無論在哪裡，能讓你發聲的機會，都隱藏在你的才華和本事裡。

人生中所有的目標都是自帶光環的，但目標的魅力卻並不在於光環有多麼耀眼，而是你真的讓它有實現的那一天。

你想過上什麼樣的生活，那就從你想要的那天起，快馬加鞭往前走，自己去奮鬥、去獲得吧！記住，每個人的前路都有溝壑，跨不過去就是苟且，跨過去了才叫遠方。

同樣的日子，因為你對自己有要求，對未來有追求，有想變得更好的心及行動，整個人就會耀眼起來。

就算身在黑暗中也不要忘記發光，因為每個人都是自己的發光體，有時越是身處黑暗，發出的光芒反而越強烈。

「未來」這個詞是不是聽上去就很美好？可是你別忘了，**每一個我們所期待的美好未來，都必須有一個努力的現在**。

一定會有人喜歡你最真實的模樣

你說

有人說，一生至少該有一次，為了某個人而忘了自己，不求有結果，不求曾經擁有，甚至不求你愛我，只求在我最美的歲月裡遇到你。

喵喵說

愛上一個人的感覺就像是賭博，押上的是自己的時間、精力，還有真心。到最後，有的人贏得盆滿缽滿，也有人輸得分文不剩。

所以，別說你不求回報，真相是上了賭桌的人，沒有一個想空著口袋走。

我認識一個女生，她曾經暗戀同系比她大兩屆的學長，然後就悄悄用「正」字記錄著與學長見面的次數，一直記錄到他畢業離校。

為此，她加入了他所在的社團，報名了他主持的系上文藝活動，也會去他比較常去的圖書館自習室。到那位學長畢業的時候，她的「正」字都寫到四十幾個了，卻始終沒有表白，始終就是那樣不著痕跡地默默暗戀著。

我忽然想起當時學長畢業以後，她曾經在社群上轉發過一段話，她說：「『我喜歡你』這四個字，有可能是一個人深藏內心的祕密。但是，哪怕再怎麼遺憾，你心裡仍然知道，這世上的所有巧合，不過都是另外一個人的用心而已，只是不想懂的人，永遠都不會懂。」

有些人，大概永遠都成不了那種會追求別人的人，不是因為不夠愛，也不是放不下矜持，她只是更相信自己的直覺，就是那個人真的不會愛上她。

剛上大一的時候，她有著一點兒嬰兒肥，雖不算胖，頂多算是「肉肉型」的女生。但到了學長畢業的時候，她已經成功蛻變成了一個標準的纖瘦型美女。但在不可能喜歡上你的人眼裡，你的一切變化都是被自動遮罩掉的。

其實每個人都是一樣的，只有對自己真正喜歡的東西才會特別用心。真的喜歡一個人，你一定會不由自主地注意對方在哪裡、忙不忙，最近是胖了還是瘦了，想知道對方有沒有什麼煩惱，需不需要幫忙。而最關鍵的，他一定會想著如何才能和你多拉近一點距離。

相反地，如果他連一點表露都沒有，那麼也就真的不用你白費苦心了。

※

愛情裡，其實有很多分工，有人負責追、有人負責躲。

你總是有一大堆的話想告訴他，但他卻常常只「哦」、「嗯」、「是嗎」、「呵呵」，簡短地回覆你。你以為男生大概都一樣，只是不喜歡打字而已。

直到有一天，你發現他在回覆別人訊息的時候，打字的速度原來可以很快很快。這就是喜歡和被喜歡之間最大的區別吧。

其實，他都已經敷衍得這麼明顯了，你怎麼可能看不見？但你還是不甘心，還是想賭上一把，也許我們最後真的在一起呢？

大家都是這樣，明明知道關燈看手機傷害眼睛，還是習慣在睡覺之前滑一陣子；明明知道抽煙有害健康，但卻戒不掉；明知道碳酸飲料並不健康，忍不住還是想喝；明知道零食吃多了會胖，還是忍不住想吃；明知道熬夜會傷身體，依然還是愛晚睡。同樣的道理，明明知道他不愛你，心裡卻還是抱著一線希望。

但你有沒有想過，世界上的每一句話都可以有另外一種解釋。比如，人家說「我單身習慣了，暫時不想談戀愛」，其實，他只是不想和你談戀愛。人家說「我想打拼事業，暫時不想談戀愛、結婚」，難道他是要當下一個賈伯斯、比爾蓋茨還是馬雲？世界都要因為他而改變？

一般情況下，會這麼說的人，都在印證著一個事實，就是他並不喜歡你，至少沒那麼喜歡。或者，等他遇到一個真正喜歡、心動的人，一切問題就都不是問題了。

一個人如果真的喜歡你，你的任何要求都是可愛的、合理的；但如果他不喜歡你，你的任何要求就都像是無理取鬧，也無關緊要。

所以，如果可以，不要和一個自己很愛，但是卻不那麼喜歡自己的人在一起。因為你會發現，基本上，那只是一個反覆證明對方並不愛你的過程。

很久之後，你一定會發現，走進你心裡的人，不一定非得留在你身邊。所以，如果能用他所希望的方式把他放在心裡，也不錯。

後來，當你放下了那個連前任都算不上的人，你會遇到一個人，願意吼著五音不全的嗓子為你唱情歌，願意在大雨滂沱的時候把你安全送回家，他是全心全意地愛著你。

他的手裡像是拿著一個彩色顏料盤，把你黑白的人生描繪得五彩繽紛。

人生最重要的事是取悅自己

你說

我不管其他人如何，我始終覺得，愛一個人就是要不顧一切，就是要把我累積這麼久的溫暖和寬容、眼淚和笑容、好脾氣和孩子氣，一下子全都給他。

喵喵說

你之所以這麼想，是因為你還年輕。一場愛情，或許不是敗在距離，不是因為家庭背景，也不是小三，而是你愛對方多過愛自己。你迫切地在對方身上尋找更大的意義，而不是思考著如何讓自己變得更有趣、更豐富、更值得人去愛。

愛上一個人，先試著愛到七分吧，留下三分用來愛自己，這也是留給對方暢快呼吸的空間。

H跟男朋友分手了，因為她發現對方劈腿了。

按理說，H應該二話不說先甩他個巴掌，然後痛罵他一頓，轉身走人才是。但H終於還是忍不住，傻傻地問了對方：「你為什麼選擇她，不是我？」

男生說：「對不起，你想聽實話嗎？因為你真的太獨立了，生病了寧可自己一個人撐著去醫院也不會叫我陪你，下雨了叫不到車回家也不會打電話叫我接你，受了什麼委屈寧可一個人掉眼淚也不會跟我吵、跟我鬧。」

「我和朋友打遊戲幾天不見你，你想見我就跑來找我並送食物來。你對我幾乎有求必應，但基本上從來都不跟我提別的要求，看上了喜歡的東西也從來不會任性跟我說想要這個、想要那個。」

男生又說：「你知道嗎？我喜歡這個女生就是喜歡她的無理取鬧，她讓我覺得我是個男人，我有被需要、被依靠的感覺。」

「她闖了禍第一時間會跑來跟我哭訴，拜託我幫她解決；她生氣了會跟我吵跟我鬧，會躲在我懷裡放聲大哭，我必須費好大的力氣才能安撫她，可是那一刻我卻好有成就感。」

「為什麼你總是不表達、不生氣、沒脾氣？為什麼你總是想自己去搞定所有的事？」

「對不起，你太獨立了，獨立到我覺得你根本就不需要我，沒有我你可以生活得很好。可是她不一樣，她更需要我，她離不開我。」

遇到了渣男，往往就會得到一個這麼瞎的分手理由。

有些善良的好女孩，從小到大都不愛撒嬌，後來卻發現，原來撒嬌太管用。有時候，愛撒嬌的女生只要一句話、笑一笑，別人的心就化了，因此不愛撒嬌的自己反而顯得既無情又冷酷。

但我想說的是，我從來不信「會撒嬌的女人最好命」這句話。只要你好好保護著自己，使自己獨立和強大，一定會遇到對的人，懂得欣賞你、守護你，陪你一起同甘共苦的伴侶。

所以，把煩惱收拾好，灑脫一點。要知道，從前那個想笑就笑的你，很好。

我們都在花大量的時間，在愛情裡尋覓另外一部分的自己。有人比較幸運，在年輕又美好的年紀裡，遇見了那個人，你們彼此出現在人生當中最容易被辜負的時光裡，卻終究沒有辜負。

但也有的人，在度過了漫長的歲月之後才終於遇見。然而最可悲的就是，有的人，從找到那個人的瞬間開始，慢慢地失去了自己，變得完完全全以對方為中心，變得失去了自己原本的生活。

不管你是男生還是女生，也無關已婚或者未婚，都應該有自己的喜好，有自己的原則，有自己的信仰，有自己的社交圈。你要盡力做最真實的自己，因為只有當你自己的心裡有餘裕，才能愉悅自身及他人。

換句話說，人們身上所有的焦慮和脾氣都是自己虧待自己而產生的，你的生活究竟是一件精緻華麗的小洋裝，還是材質粗糙的麻布袋，全憑你如何取悅自己。

珍惜自己，才是生活；知道自己希望怎樣被對待，才會真的幸福。

取悅自己這件事，當你試過了也就知道，它根本就沒有那麼難，甚至並不需要太大的成本。

你可以噴一點香水，好好保養頭髮，買自己喜歡的衣服，讀自己覺得有意思的書。慢慢地你會變得落落大方，簡單而又低調，俐落而又自在。

或許你可以學會兩個拿手菜，不是為了伺候誰、取悅誰，就是為了當所有人都不在你身邊的時候，依然能善待自己挑剔的胃口。

你可以學畫畫，不是為了成為畫家，而是希望在自己家裡的某個位置，能擺上一幅自己親手畫的作品。

你也可以學開車，不是為了炫耀，而是不管任何時候，只要你想自己一個人外出走走時能更加自由。

人啊，只有在最自信的時候才是最美的，我們也只有對自己足夠好，才能一直優雅到老。

當然，對自己好、愛自己，並不等於變得自私、自我放縱，而是成長為自己心中喜歡的樣子，不慌張、不畏懼、不辜負。

當你開始真正愛自己，那些歡樂、有趣的事自然就會接踵而至，並且以你的方式、你的旋律、你的節奏靠近。

有一天，如果有人問你，你曾經做過最酷的一件事是什麼？我希望，你腦海裡浮現出來的畫面，是當年理直氣壯地對那個錯的人說的一句：「實在很不好意思，我人生最重要的事是取悅自己，而不是取悅你。」

Chapter 3

別把這世界讓給你鄙視的人

來人間一趟，不是為了出盡洋相，
不是為了活成被人鄙視的樣子，
更不是為了把那個答應過自己要得到的世界拱手相讓。
你來人間一趟，是為了享受美好，
是為了綻放，還有榮耀。

別把這世界讓給你鄙視的人

你說

張愛玲說：「出名要趁早呀！來得太晚的話，快樂也不那麼痛快。」

喵喵說

任何一句話都並非適用於所有人。這是一個最好的時代，有更多機遇，有更多選擇。可這也是一個最壞的時代，誘惑、浮躁和迷茫也是史無前例的。

也許當下很多努力和堅持看似會被浪費，但就像很多道理，一定都有伏筆。時光一去不回，你所付出的分分毫毫，終有一天會變成意想不到的驚喜，因此你何必著急？反正，認真走下去就對了。

隨著年齡的增長，從二十歲奔向三十歲，青春的熱血總會慢慢冷卻，從積極進取變成了只求安穩，而這到底是好還是壞呢？

閨密的妹妹才二十多歲，畢業後考上了公務員。最近，她突然說辭職就辭職了，因為她覺得這樣的生活不是自己想要的，就索性跟朋友一起創業，開起了婚紗店，而且也發展得不錯。

閨密家裡是屬於經濟條件很好的那一種，所以基本上，她妹妹在做一些決定的時候，沒有太多的後顧之憂。但是，很多有著和她相同想法的人，可就沒那麼幸運了，若也想自己創業，得多存個幾年錢再看看吧。

所以現在有很多人，一邊感嘆著自己的生活怎麼如此乏味，日復一日。另一邊看著像閨密妹妹這樣，如此認真的過日子就又會感到很是羨慕。

其實，像這種敢做又勇於嘗試的女孩，大多不屬於表面上你所看到的那種衝動型的個性，她所做的打破和重建都並不盲目也不任性。哪怕是沒有家裡當後盾，我相信她也不會甘於在一成不變的安逸環境裡被束縛太久。

最關鍵的是，無論她是什麼年紀或遇到任何失敗，她都不會輕言放棄，她最觸動人心的，是有著無限的可能性和旺盛的生命力。

別誤會，我並不是在鼓勵大家辭職去冒險。很多人說：「世界那麼大，我想去看看。」你嚮往詩和遠方，完全沒有錯，但是當你牙一咬、心一橫，決定提出辭職之前，你不妨先想想看以下問題：

你的帳戶裡究竟有多少存款？飛機是坐商務艙還是經濟艙？旅行回來之後能不能很快就找到比原來更好的新工作？你計畫去的那個遠方，那你的父母呢？他們人生已經過了大半輩子了，都去過哪裡？這些問題，你都答得上來嗎？

趁還年輕，我們都想有更多不一樣的經歷，想去闖、去試、去拼。的確，你可以選擇，但是每個人的條件、需求、能力都不一樣，想走的路也不同。要知道，他的選擇未必就適合你，你的選擇也未必適合他。

所以，在選擇之前請切記，**選擇不僅僅意味著選擇，那也將意味著你要做好準備並對此負責到底**。

人在年輕的時候，特別容易犯的毛病之一就是眼高手低，做決定的時候太理所當然，然後在不如意或者是受挫了以後，又喜歡把一切原因歸咎於背景、顏值、體制，甚至是大環境不好。

其實，職場和生活可以複雜，也可以簡單，不怨天尤人、不投機取巧，埋頭走好自己的路，才是明智之選，也是對自己的未來負責。

我的意思是：不希望你急功近利，不希望你在最應該奮鬥的年紀選擇了安逸，不希望你把這世界讓給你鄙視的人。

人是會漸漸變成熟的，你對待人情世故會越來越寬容，不會亂發脾氣，也逐漸學會了忍讓。你最大的心願變成了全家人身體健康，對比當初迫不及待要去闖蕩的心，你更希望花十分之九的時間，與家人一起吃一頓家常的粗茶淡飯。但在此之前，記得你有很多很多的小怪獸要打。

等到你歷經千辛萬苦之後，該得到的都得到了，你才有得選，你才有資格說：「有點累了，不喜歡過這種生活，回歸平淡就好。」

總而言之，你追求歲月靜好、平凡安穩這沒有錯，但也許不是現在！別把人生的順序弄顛倒了。

當有一天，你把你喜歡的、想要的全部經歷了一遍，你才有資格說我想選擇平淡一點的生活。當你升到了那個高度，自然也就擁有了主導權。

瞎混一天和努力一天好像看不出什麼差別，三天看不到任何變化，七天也看不到任何不同，但是一個月後就會發現聊的話題不同，三個月後會看到氣場不同，半年後會看到一定的距離，一年後就會看到人生道路的不同。

若繼續墮落下去，你的天賦就會全部被收走；你身邊原本比你差的人，靠努力超越你；甚至曾經被你鄙視的人，也會讓你望塵莫及，你繼續擺爛的話真的沒有人會等你。

所以不要逃避和妥協，不要麻木和隨波逐流，要往前走，為自己的夢想奮鬥。即使有人虧待你，時間也不會虧待你，人生更不會虧待你。

請你相信，只要你還願意為自己繼續努力，世界就不會吝嗇給你驚喜。也請你相信，只要你不斷努力著，那麼人生最壞的結果，也不過就是大器晚成。

你沒錯，錯的是那些自以為是的一輩子

你說

如果我的世界曾經有那個人出現過，其他人都會變成將就，我不願意將就。

喵喵說

不管有沒有那個人出現過，我都希望，你沒有把自己的人生過成一場將就。畢竟，到頭來你也許會發現，將就是比遇不到更令人絕望的事。

閨密曾經談過一段戀愛，男生的條件還不錯，是比較老實的類型，當初追她追得很勤。但交往了一段時間，她還是選擇了分手，而這是她的初戀。

記得很久以後，有一次我們一起看了一部浪漫愛情電影，聊天時我就問她，是不是我們都會懷念那個願意每天嗑泡麵、省吃儉用，就只是為了在你生日時請你吃一頓大餐及送禮給你的男友？

朋友說，當然會，我會一直懷念，但我不後悔離開。

聽起來是不是太現實、太殘酷了？別急，請你聽我講完。

閨密提到了初戀時候的那個男生，她說：「沒錯，他很好，而且我也相信，他以後一定是那種會記得給我買新衣服，自己卻可以穿著好幾年前舊衣的人。他會把菜裡最好吃的留給我，會把西瓜正中間最甜的那一塊挖給我。他恨不得把他擁有的好處一股腦地全塞給我。」

「我早就習慣了晚睡，於是他改變了作息，每天陪著我熬夜。我問他睏不睏，他就說：『想陪你啊，怎麼會睏？』」

「我無辣不歡，但他明明就不愛吃辣還會陪著我吃，結果很多次搞得他自己腸胃不舒服。」

「但是我真的希望，愛情應該更對等。有些時候，我覺得這樣的戀愛談得太沉重了，沉重到假如以後有一天，他稍微忽略了我一下，我可能就會覺得很失望、很不安，甚至小題大作。對於他而言，這真的不公平。」

「一旦有一天，『對我好』這個基座只是輕輕地顫動一下，一切就可能會像骨牌一樣，都開始變得不對勁了、坍塌了。」

我不得不承認，她的想法還滿有道理的。

一段健康、良好、正常的關係，並不是不顧一切地犧牲自己去滿足對方，而是要尊重對方的不同，同時有能力表達自己的需要。

每個人對愛情的期待和設定都不同，有些人渴望被照顧、被寵愛，她理想中的愛人是付出型的，但對於另外一些人而言，她理想中的愛人並不是付出型，而是理解型的。

你可以不用對我無微不至，可以不細心、不溫柔，因為我並不是那麼依賴的人。感冒吃藥、陰天帶傘、按時吃飯，這些事我自己就可以搞定，不必別人整天操心。

但是，你一定不能在我丟了東西，已經急到不行的時候火上澆油；不能在我迷路、粗心的時候喋喋不休；不能在我情緒快要崩潰的時候還滿口埋怨；不能在我追劇的時候說：「你看這些很沒有營養，那些都是不切實際的。」

總而言之，三觀不同，一句話都嫌多。很多時候，打敗愛情的未必是緣分，而是既選錯了對象，又用錯了方法。所以，你所付出的，未必就是對方想要的。

這也就是為什麼在這個世界上，不是一個好男人就能讓一個好女人幸福的原因。

你是否覺得，愛情和飲食之間，好像存在著相通的地方。

小時候，你最討厭吃香菜，連它的味道都不想聞，你堅信自己這一輩子都會和它勢不兩立。但是忽然有一天，你竟然瘋狂地迷戀上了它。

小時候，你最愛吃番茄炒蛋，以為自己這一輩子都會愛吃。但等你長大了，就不愛吃了，沒有預兆也沒有理由。

你沒錯，香菜和番茄炒蛋也沒錯，錯的就只有那些自以為是的一輩子。

喜歡過的人，大概也是如此吧。

曾經，我能在模糊不清的照片中，一眼就認出你的側臉，我能在嘈雜的聲音中分辨出你的咳嗽聲，我能在毫無準備的情況下，一聽見你的名字就條件反射般地迅速回過頭，但那又怎樣？

曾經看到錢鍾書的一句話：**愛情多半是不成功的，要嘛苦於終成眷屬的厭倦，要嘛苦於未能終成眷屬的悲哀。**

來人間走上一趟，每個人的一生裡，可能都會遇見一個沒辦法在一起的人。很多時候，我們覺得那是無法抵禦的強烈愛情，最後經歷悲痛和分離，以為人生的遺憾不過如此了。

然而事過境遷，一晃眼好幾年過去以後，再回望那些歲月，說不定你會感謝當初那份不得已的選擇。因為你開始懂得，原來沒有辦法在一起的人，一定就是錯的人。

我們都是在漸漸成熟了以後才發現，曾經說著要地久天長的人，好像已經沒什麼聯繫了；曾經幼稚地暗戀過的人，早就沒了當初的那份怦然心動；曾經那樣為之動心的人，竟然變得沒那麼特殊了；你甚至想不通，當初自己怎麼會那麼執著地去愛一個人。

不管經歷過什麼，遺憾也好、無奈也罷，有些事根本就不會按照最初設定的路線走，有些心願真的只能是心願。

這些愛情裡看似不圓滿的結局，讓人不禁懷疑，那些人出現在我們的生命裡然後又消失，這究竟有什麼意義？後來我明白了，其實故事的本身就是意義。

喜歡上一個在自己眼裡光芒萬丈的人，這一點也不可怕，因為在那段時間裡，你一定會想變得更好，想把自己所有的好都留下、擴大、延長，想把自己變成一個同樣光芒萬丈的人，你覺得只有這樣才不會辜負這段相遇。

不管結果如何，遇到了能夠讓你傾心付出和如此喜歡的人，都是一種運氣，能遇到就是欣喜，就會讓你得以成長，也都值得你好好珍惜。

我多想那時的我，能留住那時的你

你說

緣分兜兜轉轉，註定在一起的人，不管繞多大一圈，依然會回到彼此身邊。如果最後好好的在一起，過程關卡重重也沒關係，只要結局圓滿，過程再怎麼煎熬都可以。幸福可以來得慢一些，只要它是真的，晚一點也真的無所謂。

喵喵說

我並不否認，有的感情是經過好幾年的磨練才走在一起，或許那是真正的愛情，但不一定是最好的愛情。最好的愛情是不會讓人如此大費周章的，要知道，如果經歷的過程太累人，基本上，你最後得到的已經不是當初想要的樣子了。這世界上最可怕的一件事就是，有些東西你終於得到了，才發現有些人和事，真的再也回不去了。

加完班回來，我累到不行，本來一心只想早點去見周公，卻被朋友的一則貼文弄得沒了睡意。

這則貼文是小C發的，原來她的遠距離戀愛已經開花結果。小C說：「四年了，火車票、飛機票就快裝滿了一盒，存下想吃大餐、買漂亮衣服的錢，一大半都貢獻了高鐵票和火車票。我為你翻山越嶺卻無心看風景，就這樣經過了四年，最後希望我們能手拉著手，一起往更好的未來前進，希望所有的情侶都和我們一樣，當你熬過了就是一輩子。」

配圖是一個很好看的盒子，裡面是滿滿的各種票根，盒子的旁邊放著一對戒指。

說實話，在所有的朋友當中，我曾經認為小C是最不可能先結婚的一個。即使我們誰都無法否認，這個世界上一定有跑得贏時差、撐得過距離的愛情，但我的確曾經真心覺得，這樣的愛情成功率並不高。

遠距離戀愛是很多人正在經歷的一種戀愛狀態吧，那是怎樣的一種感受？

有的人說，有時候我真的會羨慕你身邊的人，可以每天都能見到你，和你打招呼；有的人說，每次有好吃的、好玩的，都想要和你分享，但你都不在我身邊，只能想著下次等你來的時候再一起去做吧，但在那一瞬間，我的心情跌到谷底；有的人說，火車站和機場，成了讓我又愛又恨的兩個地方。

已經忘了在多久以前，我曾經看到過這樣一個故事。

一對戀人在機場分手，女生對男生說：「你別等我了，這真的沒有意義，我們不會有結果，就像機場永遠等不到火車，我們以後也不會有交集的。」

可是後來，當地有一項工程竣工了，火車站和機場合體，方便換乘。據說，參與設計這個工程的工程師，那個男生就是其中一個。而該工程的地點就是上海虹橋火車站，以及和它連接的虹橋國際機場Ｔ２航廈。

也許這是一個傳說，可是面對這樣的故事，我其實已經完全不想去求證它背後的真偽，因為如果多一點這樣的故事，不是也很好嗎？

在機場等一艘船、在碼頭等一列火車，的確是徒勞無功的，但是，愛情這件事呢，奇妙就在這些想堅持的人，永遠都能找到堅持下去的理由；而不想再堅持的人，也同樣能找到不再堅持的理由。

有人會說，談戀愛嘛，就應該要經歷一下異地戀，體會一下欣喜憂愁無從分享，只能隔著螢幕、電話、信件、包裹來聯繫，直到你思念得近乎發瘋，直到你學會拒絕誘惑，學會處理和安排好一個人的時間，學會照顧自己。

只有這樣，你們面對面的每一個擁抱才會更加用力，朝著白頭偕老的目標一步步走下去，你才會更加感恩。

異地戀不只是考驗著雙方的耐心，也考驗著自己的堅定，因為堅持的是別人無法體驗到的愛情。

你們可以先不著急，你出去繼續深造攻讀你的學業，他也去忙他的工作，總有一天，你們會窩在同一張沙發上，看同一部電影，分享同一首歌。

當然，也一定會有人反駁：那是沒發生在你身上才會那麼說。異地戀、異國戀發展到最後，當兩個人都身心俱疲的時候，內心有一種聲音也會越來越強烈：算了，分開吧，我真的累了，我覺得我們之間越來越陌生，距離越來越遠，這種在最想見、最需要的時候見不到面的感覺，真的很糟糕……

對此，我只想說，別總是把遠距離想得多麼可怕，近在咫尺的愛情也可以在你稍不留意時悄然變化，一言不合就決定分道揚鑣了。而那些距離再遙遠的愛情也同樣可以修成正果，只要他相信、只要你堅持。

「大一認識、大二交往，畢業後開始遠距離戀愛，一個在台北、一個在高雄。我們曾經一度決定分手，但是卻發現，即使分隔再遠，依舊對彼此深念不忘。後來，還是他來了台北。」

「相遇那年，我們都是十八歲的年紀。我們互相陪伴著，度過了生命裡最美好、也最顛沛流離的那段時光。願餘生，可與彼此攜手相愛。致自己，致我們。」

這是我曾經看到過的一段文字，作者資訊不詳。

所以，只要你還深信，只要你覺得值得，那就一定有辦法追求一個美滿的結局。

如果追根究底，那些敗給了時差、輸給了距離的愛情，說穿了，還是因為不夠愛吧。

※

曾經以為世界很美，生日的時候許下的願望會實現，過去的事情會永遠記得，喜歡上誰可以喜歡一輩子，糖就一定是甜的。後來我們知道了，習慣可以改，糖原來也有酸的，牽了手的未必就能一輩子，喜歡的人也可以不在一起。

真正經歷過分手的人都知道，和電影、電視劇中各種撕心裂肺的劇情不同，現實當中的分手現場可能難免會有爭吵，但哭天搶地、你死我活的情況其實並不多。

有的女生說，當他提出分開的那一刻，其實我心裡彷彿正在經歷著一場地震、海嘯，但我真的就是那樣靜靜地坐著，沒有任何人知道我的內心正波濤洶湧。然後，我只是淡淡地說了「好啊」，沒有其它話能對他說。

所謂的長大、成熟，就是當情緒到了一種極致，你很想說一長串的話去揭穿、去解釋、去痛訴、去發洩、去挽留，但是這些話到了嘴邊卻自動就停了。

因為在那個當下你忽然徹底明白，兩個人既然已經沒有了再繼續下去的任何必要，那麼多說一個字都是多餘的。此後，我的人生是風是雨，都再與你無關。

我們早就過了抓著手臂求他別走的年紀，如果有一天，我愛的人要離開我了，我可能都不會非得要一個原因。既然對方已經決定分開，就必定有充分的理由。

當初的那些愛，不管是一往情深，還是信誓旦旦，當一切都已是往事，我們誰也不必再回頭。至於往後的日子，我會希望你過得好，但不必讓我知道。

有些愛情，就好像新長出來的指甲，該剪的時候就剪掉吧，不會痛的。

最大的安全感，其實是可以接受任何的結果

你說

我相信，兩個人在一起的時候，開心是真的、心痛也是真的，為你流過的眼淚是真的，想和你在一起一輩子也是真的。只是誰都逃不過一場命運，如果最後真的不能在一起，希望彼此還能做回朋友，而不是最熟悉的陌生人。

喵喵說

其實你知道，戀愛更像是賭局，而賭注就是從成為情侶的那一刻起，你們就永遠做不回曾經的朋友了。所以，「分手了依然是朋友」只是好聽的傻話而已，它就和「也許我能中頭獎」一樣，想想就好，大可不必當真。

我這幾年陸續參加過好幾次婚禮，幾乎所有的誓詞都很相似，但有一次真的很特別。

前陣子朋友結婚，她在婚禮上說：「首先，我非常非常非常愛你，但是如果有一天你真的愛上了別人，請你一定要坦白告訴我，我放你走。」

有人說，愛情裡最棒的心態就是：我喜歡你，我的一切付出都心甘情願，你若無動於衷，我便對此絕口不提，但如果剛好你也同樣喜歡我，我會十分欣喜。

這就是「深情而不糾纏」，我做好了要和你過一輩子的準備，也做好了你可能要走的準備。

或許，你會忍不住有些懷疑，如果真能夠如此毫無得失心，像是坐在隨時都可以撤退的位置上，也許是因為不夠愛吧。畢竟，沒有多少人真的能做到像她這樣收放自如。

但是事實上，我真的不得不說，比起別的，這種「我不會成為你的束縛」的愛情觀，其實要來得更加自在。

這是一種很微妙的安全感。最初我們都會以為，自己變得更好了、更厲害了，就會有安全感了，和喜歡的人相處，就不會那樣患得患失了。後來才知道並不是那樣，起碼並不完全是那樣。

任何時候如果太執著、太想佔有，就一定會沒安全感。所以，最大的安全感，其實是可以接受任何結果。對，我很喜歡你，但是並不害怕失去你。

愛情這兩個字，永遠沒有一個既定的標準和固定的模樣，每個人、每個時代的愛情觀也都不一樣。你所欣賞的、適合的方式，未必就適合別人。

所以很多人都說，愛情真的像是一場賭博。賭注有大有小，賠率也有高有低。但實際上，我們都是拿出了自己的運氣、時間、青春，甚至是拿一輩子在賭，賭自己的選擇沒有錯，賭那個萬一實現了的天長地久。

如果回過頭想一想，上學的時候遇到不想背的題目，就會安慰自己這道題目太難了，老師一定不會考的；雖然天氣預報說今天會下雨，但出門太匆忙忘了帶傘，再看看外頭仍舊陽光普照，就懶得再回頭拿傘。

很多時候就是這樣，即便心裡明明知道沒有多少勝算，但還是選擇僥倖地賭一把。愛情這件事上也是同理，很多人願意去賭這個「萬一」，我對他這麼好，他一定會喜歡上我的；他這麼愛我，一定不會離開我。

但別忘了，賭，首先是要看對手和機緣的，千萬別盲目下注。其次，一旦上了賭桌，就意味著你要願賭服輸。

而我真的相信，那個做好了準備有一天也許要放對方走的人，一定也是做好了在這段關係當中認真付出的準備，因為只有這樣，這場「賭局」才真正有意義。

※

有人說，你既然曾經那麼喜歡一個偶像，那麼你就一定要去現場，要在耳機之外，去聽一聽那個曾經無比熟悉又喜歡的聲音。所以，有些演唱會一生一定要去一次，而有些歌曲更是一定要在現場一起合唱的，劉若英的《後來》就是這樣。

所以，很多人都說：「到了那個時候你才會知道，這首大合唱真的可以把人唱哭。」是啊，沒有人會在乎自己唱的詞對不對、音準不準，就只記得那一句：「有些人，一旦錯過就不在。」

若不是談過一場刻骨銘心的戀愛，你真的永遠都不知道，有些歌詞寫得有多好。若不是談過一場刻骨銘心的戀愛，你也永遠都不知道，有些人能夠錯過，大概就已經是兩個人之間最大的緣分了吧。

在愛情這個話題面前，不管你是暗戀、失戀還是單戀，很多人都說，那些表面上看起來很灑脫的人，心裡都曾有一個角落，碎得很徹底、裂得很絕望。但問題是，除了扛住、撐住，你又能如何？

其實，真的沒有任何人能告訴你放棄一個人到底應該怎麼做。你只能自己熬過無數寂寞的夜晚，然後第二天照常起床，上班、考試、出差、加班，假裝什麼事也沒發生。

人生一步步往前走，每個人大都會有一種相同的感悟，那就是越長大就越會覺得，遇見誰、離開誰，都像是命中註定的事。我們愛上一個人，開啟一段故事，又結束一段故事，冥冥當中似乎都自有定數。

真相或許就是這樣，時間和新歡都不是什麼絕對的靈丹妙藥，只有你自己才是。

人生裡沒有結局的故事太多，就像你們曾經說過「愛情是天長地久」，可是後來呢？說這句話的人是否早就已經牽起了別人的手，和別人走了？

我們都曾小心翼翼地愛過一個人，陪彼此走過了馬拉松般的漫長歲月。遺憾的是，在終點等待的可能並非彼此。但這就是人生，這就是每個人都要承擔的、無法絕對圓滿的東西。

你會發現，世界沒你想像的那麼好，但也沒你想像的那麼壞。童話裡的故事都是騙人的，歲月這把刀也似乎越來越鋒利、越來越可怕，但又如何？仍會有人愛你，堅定不移。

無論走過多少彎路，也不管遇見多少辜負，都別忘了初心。

我會遇到你，餘生皆是你

你說

有人說，相似的人適合一起歡鬧，互補的人適合一起到老。所有那些我自己沒有的樣子，總渴望在另一個人身上看到。

喵喵說

基本上，你所謂的互補也許只負責相互吸引，真正決定了你們能不能長久走下去的，一定要看你們在更重要的地方，是否有著極大的相似。

愛是細水長流、相處不厭。你會發現，我們其實都是在尋找同類，就像溪流最終會匯入大海一樣。

在我的眼中、我的心裡，愛情最好的模樣，其實是我在爺爺和奶奶身上看到的。爺爺很憨直，不怎麼愛笑，可是奶奶長了一對彎彎的笑眼，我常常在想，奶奶年輕的時候一定很漂亮。

爺爺的脾氣很急，只要飯菜不合胃口就會立刻放下筷子不再吃，可是奶奶就很淡定，這麼多年下來，印象裡好像從來沒見她因為一些雞毛蒜皮的事情翻臉過。

我記得曾經問過奶奶，怎麼沒看你和爺爺吵過架，奶奶給我的回答就是：「吵啊，怎麼不吵，但是三兩句就吵完了。」三兩句就吵完了？真好……

爺爺家的院子裡有一個鐵架，常常用來曬被子和晾衣服。後來有了我，爺爺就在鐵架的邊邊空出了一個空間，找人做了一個附靠背的木凳秋千。此後每年快到夏天，爺爺就多了一件事要做，就是檢查秋千，換一換扣環和繩索。

現在回想起來，那個秋千絕對是我童年時期的一個美好回憶。很多時候，爺爺就帶著我在那裡玩秋千，而奶奶就坐在旁邊陪著我們，手裡織著毛線，爺爺搖著一把舊蒲扇，替我們趕蚊子。後來，我長大不愛玩了，但是爺爺卻始終捨不得把秋千拆掉，經常指著它，跟我講我小時候的事。

很久以後我才明白，原來奶奶她特別喜歡這個秋千，偶爾沒事的時候，她很喜歡坐在那裡，挑菜、剝花生……可以說，爺爺其實就是為了奶奶的這份童心留的。

其實長輩真的比我們想像中的更浪漫。等我上大學的時候，奶奶已經七十多歲了。有一次放假回老家，我一時起了玩心，把自己的耳環拿下來非要讓奶奶戴上看看，奶奶就說好。在我剛湊過去要幫她拿掉耳環的時候，奶奶就輕聲地說了一句話，卻不經意地在我面前大秀恩愛。

奶奶說：「還是讓你爺爺拔吧，他都幫我拔了幾十年耳環了，別人用的話我怕會痛。」

後來，奶奶的身體漸漸不如從前，活動時一天比一天不俐落，拐杖慢慢不敢離身，記性和聽力也開始變得不是很靈光，但好在食量一直都還算不錯。

其實，奶奶比爺爺還年長兩歲，爺爺的身體狀態一直很好，這麼多年幾乎很少打針吃藥。所以到後來，已經是爺爺照顧奶奶更多。

爺爺說：「你奶奶啊，就是太好強，以前她還老嫌我洗菜不仔細，現在你們看看，她吃我做的飯吃得可香的呢！」

實際上，爺爺心裡頭很清楚，奶奶是不想爺爺進廚房，就想讓他多休息，不願意讓他沾上一點油煙。

然而，畢竟年紀大了，親戚們私底下也在說：「唉，別看爺爺目前身體這麼硬朗，將來真有那麼一天，這二位還真說不定是誰先留下誰。」

後來，真的是爺爺先走了。那一年的初秋，他永遠地沉睡在了那個陽光和緩的午後，走得很突然但也格外安詳。

爺爺走了以後，大家特別擔心奶奶，而奶奶卻出奇地平靜，沒哭沒喊也沒鬧，但我覺得她的眼睛裡有什麼讓人心疼的東西在閃動著。

有一天，我看到奶奶自己一個人坐在院子裡的秋千上，嘴裡似乎在小聲叨唸著什麼，我走近後終於聽清楚了：「往後拉啊，怎不推我呢……」「唉，你說我們怎麼沒有好好拍張照片呢？都怪我……」

※

先結婚再戀愛，一生只愛一個人。聽起來，像是老一輩人的愛情。和以前的時代相比，現在的人，新鮮感來得快、去得更快，對愛情少了那份最珍貴的尊重和深情。

其實，並不是說那樣的愛情不存在了、消失了，再也不流行了。正好相反，那樣的愛情大概無論到何時都依然楚楚動人。有一個千古不變的道理，愛情終究要落地，要在柴米油鹽的生活裡紮根，那才是愛情。

在一針一線、一粥一飯裡，慢慢地你會習慣那個人所有的小毛病。要習慣他睡覺打呼、吃飯有聲音、洗臉的時候弄得檯面上到處都是水。而他呢，要常常在地板撿你掉的頭髮，要接受你偶爾的任性，要耐心地化解你莫名其妙的醋意……

兩個人越往前走，彼此的步調越來越一致，你會發現，其實不是你忍耐的底線越來越低了，而是你能給予一個人的愛越來越多了。

其實，很多愛情之所以沒辦法一直走到最後，原因就像張小嫻所說的，一開始只是想要一個擁抱，不小心多了一個吻，然後又想要一張床、一個房子、一個證書，到了最後才發現，其實最開始，我們只是想要一個擁抱。

又或者，本來你只想要一塊麵包，可他除了麵包以外還為你倒了一杯牛奶；本來你只想要一個擁抱，但他除了擁抱外還給了你一個吻。後來有一天，你要麵包時他只給了你麵包，你要擁抱的時候他也只給了你擁抱，於是你就開始埋怨他不如從前愛你了。

愛情往往就是這樣，一開始他對你笑了一下，你就開心得睡不著覺，後來，他所付出的越來越多，但你卻不再像當初那樣開心過。

很多年以後，當你看著那些年紀輕輕的男男女女們，在愛情裡迷茫、痛苦、受折磨，你會感嘆地說：「其實，每天有人陪你聊天說話，你就已經比大多數人幸福了。」

Chapter 4

退而求其次的選擇，都是將就

就是喜歡吃蘋果，而蘋果汁和蘋果蛋糕都不行，
因為平替到最後都是將就。
想要什麼就累積能力一步步去得到它，
在這個過程中，千萬不要妥協，不要半途而廢。
如果退而求其次的話，你一定會後悔，
並且在後悔的過程中，反而要付出更大的代價。

學不會獨處，你將永遠是自己的陌生人

你說

為了獲得認同感而接受那些本不該接受的價值觀；為了融入群體而強行改變自己的原則，將自己偽裝成好相處的樣子；為了遷就一些人而失去自己獨特的想法，違背自己的意志去附和，這樣的生活真的太累了。

喵喵說

為了顯得自己好相處而假裝很融入群體，還有比這更孤獨的事情嗎？你是誰就是誰，別人改變不了你。這世界上哪有不孤獨的成年人，唯有承認了孤獨的必然，才能享受不從眾的自在。有時候孤獨是好事，一個人的時候能力就多點，多看看世界，把時間花在重要的事情上，努力把自己變成喜歡的那種人。

我前段時間突然心血來潮想養隻小狗，並且告訴了一個朋友。過了一陣子她才回覆我：「你最近一次和男生單獨出去吃飯是什麼時候？」

也太跳 TONE 了吧？但是想了一下才明白，她其實是在問我是不是太寂寞了。

可能是因為上段感情結束得太倉促，而空窗期又有點長，她肯定以為我徹底失望了，再也不相信愛情了。

其實我倒是沒想那麼多，只是沒必要刻意遇見誰，也不急於擁有誰，更不勉強留住誰。現在的狀態就是順其自然，不輸給過程就是好結果。

很多時候，如果一直是自己孤單一個人，無非就是喜歡的人未出現，出現的人不喜歡。可是愛情畢竟不是去菜市場買菜，只要選一選、挑一挑，一餐飯就搞定。

一個人生活久了，不是不相信愛情，相反地你會特別看重它，而正因為看重，才明白絕對不能隨便。

所以，有的人一直在尋找對的人，找到了自然會全心全意地愛他，找不到那就暫且一個人。如果因為寂寞而與一個不適合的人戀愛，那才會對愛情失望。

有些事情可以衝動去執行，比如現在很餓，可以馬上就去吃火鍋；但有些事情則必須小心謹慎，比如愛情。世界上很多事情都可以將就，但愛情這件事除外。

很多人都以為人生最糟糕的事情是失去了最愛的人，其實，最糟糕的事情是你因為太過投入而失去了自己。

在愛情這件事情上，切忌用力過猛。不必賦予愛情太多救贖的意義，因為愛情從來都不是你混沌人生的救贖和出路，它解決問題，同時也會製造問題。

一個人如果無法充分享受單身生活的精彩，自然也就無力體會愛情生活的豐盈。一個人如果不能製造獨處的快樂，也就無從感知相互扶持的美好。

努力的意義，首先是為了讓自己生活得更爭氣，是任何時候都有能力不去依靠誰和仰賴誰的安全感。在愛情來臨時，可以有骨氣地伸出雙手擁抱愛情；而在愛情尚未到來時，可以擁抱自己的單身生活。

※

獨處的時候你會做些什麼呢？是不是會一邊羨慕別人，一邊憐憫自己，將小情緒無限放大，卻又說不出來傷感從何而來，於是就草率地將心中的一切鬱悶統統歸咎於孤獨呢？

穿過一條街就是電影院，但是你幾乎沒自己去過。打開售票網站，看到成雙成對的已選座位，坐在誰旁邊好像都有點奇怪。而電影院賣的零食也大多都是套餐，不知道要買什麼才好，就你一個人，彷彿顯得特別異類。這個時候，孤獨感格外地清晰。

一個人逛街明明有更多時間，但逛著逛著就失去了興致。穿過一條條大大小小的街，無聊地找尋想買的東西，然後坐在路邊的椅子上休息，看著掛著鮮明招牌的店鋪，以及即使疲憊但依舊興致高昂的人們，就這樣度過了一整個下午。這個時候，孤獨感格外地清晰。

放假日，到了晚上才發現，電話一整天都沒有響過。而這一天你只吃了一頓飯，還是隨便叫的外送。這個時候，孤獨感格外地清晰。

但是，拋開這些偶爾泛起的孤獨感，一個人生活就一定是糟糕的體驗嗎？倒也不盡然。

孤獨不是缺陷而是禮物。一個人的時候，你才能從混亂的事物中重拾秩序，反思和傾聽自己的想法，繼而與外界重新建立聯繫。

相反地，如果為了擺脫孤獨，為了所謂的「合群」就去拼命偽裝，為了得到別人的肯定而費力表演，就像你明明是一滴油，卻非要溶進水裡。

當人在生活中戴著面具偽裝，這才是一種痛苦，才是最大的孤單，因為你失去了自己。失去自己的人，一定會一天比一天更加焦慮，每次都習慣性地期望能有人替自己指出要走的路。可是，每個人的人生雖然都會有別人的參與，卻終究要由自己完成。

如果想要在迷茫的生活中徹底成長，你必須先學會面對和接受孤獨，哪怕傷疤還沒被修復，也不再依賴別人遞過來的鎧甲。

※

獨處，並不是丟下一切躲起來，而是要回到最純粹的自己。是給你時間思考，在一個人的日子裡，你要做的只有一件事，就是把自己變得更優秀。

獨處其實是一種與自己的等價交換，你獨自吃飯、睡覺、逛街，生病了一個人照顧好自己，換來無拘無束、說走就走的逍遙自在；你努力奮鬥，默默提升自己，換來更舒適、品質更好的生活；你堅毅勇敢，不隨便依賴別人，換來更多的選擇權。在這個世界，孤單永遠與自由並存，依賴也永遠與束縛同在。

大部分的人都是脆弱且不習慣孤獨的，所以紛紛高估了依賴的價值。當你依賴一份情感時，便會低估自己的勇氣；當你依賴一個方向時，便會低估自己的選擇；當你依賴一種力量時，便會低估自己的潛能；當你依賴一個夢境時，便會低估自己的想像。

我們總是在依賴與自由之間掙扎，依賴讓我們親密，自由讓我們保持距離。但事實卻是魚與熊掌不可兼得，不懂享受自由的人，也難以在熱鬧中遊刃有餘；不能接受獨處的人，也享受不了親密關係。如果學不會獨處，你將永遠是自己的陌生人。

說到底，安全感首先是自己給的，只有不斷地做好自己，才有足夠的信心去接受生命裡所有的變化。畢竟，世界上最可靠的人，就是更好的自己。而你能在這個世界生活得相對自由的前提，就是你能夠擁有自己應對生活的力量。這種力量你無法從別人身上獲取，你只能求助於你自己。

每個人都有自己特殊的獨處時刻，它們都飽含著一種「生活感」。靜下來的時候，自覺或不自覺地去發掘生活角落裡的事物，感受一些生活的細膩之處。

獨處，不必太在乎意義，更重要的是獲得一種體驗，是讓我們能夠確認自己生活價值的時刻。

多看一本書，去做自己喜歡的事，為自己的世界添磚加瓦，守護自己真正熱愛的東西。等你走過低潮，那些獨處的時光必定會照亮你的路。

人生本就是孤獨的旅程，大家都只是短暫地擁有彼此一段時間而已，不必為了躲避孤獨，把自己硬擠在不合適的關係裡，幹嘛去別人的世界找自己的位置呢？你要成為自己的宇宙。

不管怎樣，希望你是擁有熱情、放下不安、熱愛生活、不勉強、有希望的人。唯有如此，你的孤獨、等待和你的不將就才更有意義。

最好的相遇，就是久別重逢

你說

《小王子》裡，小狐狸對小王子說：「正是你花費在玫瑰上的時間，才使得你的玫瑰如此珍貴。」所以啊，甜言蜜語的男生未必不可靠，珍惜那個肯花時間哄你開心的人，願意花時間哄你的男生，才是真的愛你。

喵喵說

人都是一樣，希望一輩子有人哄、有人疼。但請記得，永遠別用耳朵談戀愛，會說甜言蜜語的也許是把你當獵物，支支吾吾的才是真的喜歡你。

愛是動詞，行動才是愛最好的說明書，真正對你好的，一定都會表現在細節裡。

大學的時候有個別系的男同學，給人感覺總是痞痞的，我和他幾乎沒有交集，而他的女朋友就在我們班裡。

有一次一起上通識課，可能兩個人鬧了點彆扭，他們並沒坐在一起，男生遠遠地坐在教室的另一邊，和周圍的同班男生們聊天，而女生就坐在我前面那一排。

應該是被頭上的電扇吹到著涼了，她接連打了兩個噴嚏。她正從包包裡找紙巾，然後我就看到那個男生自然地伸了一下手臂，將他旁邊的電扇開關若無其事地關了。其它的電扇仍然在嗡嗡作響，就只有女孩頭頂上的那台停了下來。

據班裡的同學說，她和他是高中同學，那男生雖然表面上看起來滿高冷的，但他會在大街上蹲下來幫女朋友繫鞋帶，大熱天會讓女朋友坐在超商裡吃冰淇淋、喝飲料休息，自己則到人山人海的夜市裡去排隊買美食回來。

所以，班上有不少人都以為，這兩個人應該會圓滿地上演「從校服到婚紗」的大結局，然而很遺憾的是，兩個人最後並沒有在一起。由於對未來的規劃不同，男孩一畢業就去台北創業，女生則選擇繼續讀碩士，留在南部的學校。

雖然很可惜，但無論是誰遲早都會有那樣的一天，會在未來的世界裡漸漸明白，人與人之間竟然是如此不同，大家想要的東西也是如此不同。其實，人生本來不就是這樣嗎？既然有所選擇，就必定有所辜負。

所以，兩個成年人，認真尋求自己認同的生活方式，從這一點來看，他們都沒有錯。而且，值得慶幸的是，他們最後也都如願得到了自己心中想要的生活。

最好的相遇，是久別重逢；最好的經歷，是曾經擁有。匆匆那年，我們真的如此深深愛過，而我就是這樣，從你的世界路過。

※

曾經看到一句話：「愛是綻放的花朵，而你是那唯一的種子。」這世上的情話，怎麼可以美到這種地步？

木心的《眉目》說：「你的眉目笑語，使我病了一場，熱勢退盡，還我寂寞的健康。」

《挪威的森林》裡，綠子問渡邊：「喜歡我到什麼程度？」渡邊說：「喜歡到全世界的森林都化成了奶油。」

《美國往事》裡：「當我對所有事情都厭倦的時候，我就會想起你，想起你在世界的某個地方生活著，我就願意忍受這一切，你的存在對我很重要。」

其實愛情這件事，言語所帶來的感動遠遠沒有想像中那樣巨大，真正能讓你下定決心非他不可的，一定還是細節和行動。所以，以下沒有情話，就講幾小段故事吧。

故事一：

她切菜劃破了手指，他緊張到不行，飛奔出門替她去買消毒藥水和ＯＫ繃。但他是一個聾啞人，比畫了一陣子，藥局的店員還是不知道他想要買什麼。他心急如焚，後來索性拿出指甲刀，在自己的手指上劃了一道傷口。

你看，如果愛情只是靠說說而已，那啞巴要怎麼辦？所以才有人說，當你愛上一個人的時候，說出「我愛你」只完成了百分之一，如何去證明你的愛，佔另外的百分之九十九。

故事二：

一對情侶當街吵架，結果女孩太生氣就轉頭走了，但走沒多遠腳步慢下來，走幾步就回頭看，那男孩倒也不急著追上去，就只是在她後面慢慢走。

路過一家小吃店，男生停了下來，對著女孩的方向，稍微提高了音量說：「喂，有章魚燒，要兩份還是一份？」只見不遠處的女生一邊繼續往前走，一邊舉高一隻手，伸出兩根手指，在空中晃了好幾下……很有畫面吧？

故事三：

朋友的老公是個粗枝大葉的人，個性也很大男人，基本上他只要一開口，你就能知道他根本不是那種會甜言蜜語、溫柔浪漫的男生。可是，他常常會做出一些讓朋友特別感動的事。

不久前，家裡養了三年的小狗忽然不見了，朋友邊哭邊找。她老公當時正在外地出差，晚上接到了她的電話就馬上開了兩個小時的車趕回來，陪她找到了狗，安撫好她又開了兩個小時的車回去，繼續加班工作。

他們在一起已經七年了，傳說中的「七年之癢」在他們身上似乎完全不存在。

故事四：

女孩是屬於那種很溫柔恬靜的類型，男朋友目前正在創業期，因此非常忙碌，但對她一直很好。兩個人住的地方離得比較遠，見面主要都是在週末。

某個週六，女孩正在家休息。通常週六她一定會買些新鮮的食材回來，好好煮一頓飯跟男友一起享用，可是那天她男友忙到走不開，也就無法見面了。

她特別喜歡吃榴槤，那天在家剛好看見電視節目上在教做榴槤布丁，她看到後忽然好想吃榴槤，她隨手拍了張照片，上傳到社群軟體上：「唉，被節目上的榴槤布丁給誘惑，超想吃啊！今天沒辦法做，下次一定要做來吃。」

看完了節目，她就扔下手機跑去做別的事了。大概半個小時以後，男朋友打電話來說：「傍晚五點左右會有人到你的社區門口，你下去拿一下東西，是送榴槤蛋糕來的。」

女孩愣住了：「嗯？你不是在忙嗎？」

「當然忙啊。」

「那你怎麼還能安排人送蛋糕來？而且今天好像也不是誰的生日啊？」

「現在我們辦活動的酒店可以訂做蛋糕，我抽空和他們商量了一下，我自己無法過去，但他們說做好了可以幫我送過去。雖然沒有榴槤布丁，而是榴槤蛋糕，但你可以叫朋友過來一起吃，週末也不會孤孤單單的了。」

見女孩沒有說話，男朋友接著說：「你很少對吃的東西這樣想念的，能讓你特別貼文肯定是真的很想吃……」

對了，這個女孩和前面提到的暗戀過學長，自己偷偷畫「正」字的女孩，是同一個人。

該走的路，一公尺都少不了

你說

有人說，有的人愛的是你的青春，是你的美貌，不論是假意或是真心。但只有一個人，愛的是你內心深處的靈魂，愛你那老去的臉上皺紋。

喵喵說

這是許多女人最美的幻想吧，這樣的愛當然很美好，得到這樣的愛當然也很光榮，但借助於他人的愛得到快樂，這種被掌控的快樂也太卑微。

你可以學會與自己戀愛，直接擁抱自己的生活。當你把自己的生活過得豐富、精彩，就沒有那麼多需要介意的事，也就不用從別人那裡獲得快樂了。

這無疑是一次相當愉快的相親，是幾年來最令她滿意的一個對象了。

剛進家門，她就按照約定，傳了報平安的簡訊。傳出去之前，她猶豫了片刻：「微笑」這個表情，好像有點太敷衍，換一個好了。

挑來挑去，在「竊笑」和「微笑」的表情符號裡，她選擇了「微笑」。「竊笑」那個捂嘴偷笑的樣子，怕會怪怪的。

這一串的思考都是在潛意識裡一秒鐘之內完成的，然後她按了傳送鍵：「我到家了（微笑）。」

傳完之後她並沒有等他回覆，就把手機扔到桌上去洗澡了。她心想：「我才不要傻傻地抱著手機等他的訊息。如果他隔天才回我的話，我一直守著手機會有多煎熬啊，不如先去洗澡。如果我洗二十分鐘，搞不好他這中間就已回覆我了。」

洗好出來一看，才過了十五分鐘。事實上，洗澡的時候她一度還在想：「微笑」表情上那一點點臉紅，我的小心思，他看不看得出來呢？

但她沒有立刻看手機，因為又不是第一次戀愛了，成熟女性不能那麼沉不住氣。

她緩緩地走到桌旁，拿起手機、解開鎖。「那就好，今天很開心，晚安。」他回了。

從時間上來看，他回覆得滿快的，而她心裡是雀躍的。「只是，他的回覆未免有點太官方了吧，看不出他對我的感覺。」這又讓她黯然起來。

「可他是加了兩個表情符號！一般來說一句話接一個表情符號也就夠了，而他卻傳了兩個。一個笑臉的，一個小人的……等等！這個小人是什麼意思呢？」

她決定要好好研究一下，「我只是沒事做才想這麼多而已。」她安慰自己。

打開電腦搜尋「表情對應文字」，原來小人表情對應的是「擁抱」。「啊！擁抱！」她覺得有點害羞，又有點幸福。

「但這會不會只是他傳訊息的一貫風格呢？也許他只是習慣在文字後面加兩個符號而已？」想到這種可能，她又覺得不那麼幸福了，簡直是多巴胺氾濫成災了。

「噓……冷靜！別那麼沒出息！」興奮過後，她開始給自己潑冷水，「感情的學費也交過不少，總要有點成長的！不要高興得太早！」

「八字還沒一撇，就投入太多，到時落空了又要傷心，不值得。再說，透過今天一天的觀察，有幾個場景讓我覺得他是喜歡我的，又有幾個場景讓我覺得他好像對我沒什麼意思。整體看下來，他的表現很周到，簡直滴水不漏，居然令我無從判斷。回到家又在訊息上表達得這麼隱晦。他要不是真的非常單純老實，不然就是懂得在細微的地方藏伏筆，那程度可以說是相當高。對這種人，不得不提防著點！」

相過幾次親，打著戀愛的名義騙色的男人，她也不是沒碰到過。

「棋逢對手。」關燈入睡前，她的腦子裡莫名其妙冒出來這麼一句。

本來還有點擔心會失眠，結果睡得很好，早上醒來時，陽光透過窗簾灑在身上。「真好！」她對自己說。

可能是一整夜的休息恢復了活力，她變成了比昨晚更樂觀積極的自己。都什麼年代了！何必還要遵循「女生就該矜持」那一套！女追男也沒什麼大不了的！我應該更勇敢一點去追求自己的愛情！

想到這裡，她拿起手機，主動跟他道早安：「早啊，美好的一天開始了。」她還加了一個「太陽」的小表情。

結果對方秒回，只不過是系統的自動回覆：立即加好友，你還不是他（她）好友……

在那一瞬間，她真切地感受到什麼叫「自作多情」。嗯……有的人，及早認清了也好。

※

這世界上，有一些學歷好、顏值高、性格好，工作收入不菲，父母也開明的女人。基本上，她好到讓人感嘆，甚至嫉妒。上天真的把最好的一切都給了一小部分的人，很多人都想知道，究竟什麼樣的男人才能配得上她。

如果覺得這類女生的存在太不尋常，那我們就看一看，自己身邊是不是有這樣的女生，又或者你就是這樣的女生？

有人覺得你一個人過得很好，你收入不錯，平時愛吃麻辣火鍋，偶爾也愛小酌，更愛大聲歡笑。你朋友不多，但很可靠。什麼時候想出門旅行，把時間安排好，就能說走就走。別人甚至會猜測，只要你想，就隨時可以開始一段曖昧關係。

可是，只有你自己明白，一個人在家輾轉反側失眠時，看著窗外的天色一點一點亮起來是什麼感覺。只要你不說話，房間裡就一點聲音也沒有。

這種感覺，和人的個性有多堅強無關，和你多勇敢、多獨立也無關，那會讓人陷入無限循環的負面情緒低谷中，它深不見底，你也無處可逃。

所以才有人說，堅強其實是裝出來的，但當你裝得久了，就真的變得堅強了嗎？

沒有哪個女孩子願意當一個徹底的女漢子，她把內心最柔軟的地方小心地收藏起來，沒有人知道她堅強背後的軟弱，沒有人知道她笑臉背後的憂傷，沒有人知道她在夜深人靜時內心的無助。

哪怕是在這個所謂的「女強人遍地」的時代，潛藏在每個人內心深處的聲音，還是希望能夠在自己深愛的人面前，真正變成一個無憂無慮的小孩子。當你發現彼此在對方面前都變成了一個小孩子，那便是愛情中最好的相處模式。

我們都想找到治癒孤獨的良藥，那可能是一個很好的愛人，也可能就是你自己。

有人說，當你與整個環境格格不入，卻無法找人訴說的時候；當你即使和很多人在一起，看著別人歡笑，但是自己其實並不開心的時候，這應該是最深的孤獨了吧。

但我想說的是，當世界上沒什麼事讓你羨慕，也沒什麼東西值得你去追尋，更沒有什麼人會在乎你的哭泣，而你也懶得去傾訴自己的痛苦，這才是最深的孤獨。

反正日子是自己的，孤獨的人更要好好生活、好好吃飯。記住，心和胃總要有一個是滿的才對。

生命中該你走的路，一公尺都少不了。走過最孤獨的一程，願你與愛的人能不期而遇，用微笑迎接彼此。

取悅自己比取悅別人更重要

你說

遇到了拼命也追不到的人，你心想著，我這麼喜歡你，我都對你這麼好了，難道你就連試著喜歡我一下也做不到嗎？

喵喵說

抱歉，她不愛你，真的不是她的錯。

愛情不是一門考試，它拼的不是高分錄取而是感覺。不喜歡就是不喜歡，哪怕你再努力，可能也只是徒勞。她不會因為你一廂情願的付出，就有義務必須喜歡上你，反而會覺得你給了她太多的壓力。

你走不進她心裡，不一定是你不夠努力，而是你們根本就不在同一個頻道上。一個錯的密碼，哪怕你輸入一千次，又有何意義？

追一個女生到底有多難？

這個故事的男主角小P是我的大學學弟，和我同系。至於女主角L，她的媽媽和我的媽媽是很好的朋友，不知不覺我們倆也成了好朋友。

我和L是屬於那種聯繫不算特別頻繁，但是一打電話就聊得完全停不下來的那一種。機緣巧合下，有一次L有事來學校找我，還陪我聽了一節課，偶然地認識了P。

L真的是一個挺酷的女孩，滑板、瑜伽、滑雪樣樣都學，懂足球卻極少和人聊足球，平時就只愛背她自己親手做的帆布包。

她特別獨立，屬於既好奇又好強的個性，曾一個人自駕去了西藏，而她近期做的最讓我瞠目結舌的一件事，就是完成了一次半程馬拉松。重點是，她曾經和我說，當初在上學的時候，她有一次在體育課上跑完了八百公尺以後，臉色慘白地蹲在地上，嚇得同學直接把她送去了保健中心。

她是愛分享的天秤座，很可愛，這種可愛有時候還帶著一點無厘頭。就像有一次，我們倆明明在說著別的什麼話題，她莫名其妙地蹦出來一句：「對了，我這裡有完整的《老友記》，外加劇本、花絮、劇照和採訪，不管是想追劇還是想學口語，都借你吧？」真的很無厘頭吧？但這就是她。

每次在看社群軟體時，看到她更新了動態，總會讓人特別期待，她上傳的圖片、文字、故事，夾雜在那些自拍、代購、請幫××投票，動不動就用「曬照」來刷存在感的動態中間，顯得是如此與眾不同。

你是不是也很想認識這位女生？

為了能和她有些共同的話題，小P開始看冷門、文藝的電影，讀一些難懂的書，聽小眾的歌，還莫名其妙地鼓起勇氣去打了耳洞。他以為自己可以變得很酷，他以為她一定會喜歡。遺憾的是，最後他發現他們真的就是兩個完全不同世界裡的人。

原來，為了想變酷而去裝酷這件事，真的一點也不酷。

人生中你曾經鼓起勇氣做過的每件事，如果是因為你真的喜歡，那你很酷，如果是為了想變酷，那你真的不必那麼酷。

其實，追一個女生到底有多難？也許很簡單，就只需要一首歌、一個眼神、一張電影票、一個冷笑話而已。也許實在太難，難到像讓時光倒流，難到海枯石爛。

李榮浩在《二三十》裡唱道：

二三十歲的人，
傍晚黃昏，
還等對的人。
醉得好壞不分，
哭得大聲，
記錄著青春。

你單身的狀態是怎麼樣的？或許你會回答：

一個人久了，都不知道喜歡上另一個人是什麼感覺了。

一個人久了，過著過著也就習慣了。

一個人久了，好像所有的事情都能自己解決了。

單身的人都在等待，等待愛情，等那個對的人出現。然而，當你真的迎面撞上一段緣分，我多希望你不要忘記一件事，就是真正喜歡你的人，根本不會那麼難以取悅。

荷西曾經問三毛：「你想要一個賺多少錢的丈夫？」

三毛說：「看得不順眼的話，千萬富翁也不嫁；看得中意的話，億萬富翁也嫁。」

荷西說：「說來說去，還是想嫁個有錢的。」

三毛看了荷西一眼：「也有例外。」

「那，要是嫁給我呢？」荷西問道。

三毛嘆了口氣：「要是你的話，只要夠吃飯的錢就夠了。」

「那，你吃得多嗎？」荷西問。

三毛回答：「不多不多，以後還可以少吃點。」

多有愛的一段對話！跟喜歡的人在一起，世界都變成了喜歡的樣子。當然，這種喜歡，是你喜歡她、她也喜歡你，和一廂情願無關。

一份好的感情，不是追逐也不是糾纏，而是相互吸引和欣賞。不管是交朋友還是談戀愛，相互吸引是最基本的，而不是單方面的心動和追求。所以，請你清醒一點，訊息不回就別再傳了，世界上哪有看不到的訊息，只是不想回而已。也請你對自己好一點，別再熬夜了，哪怕你睡得再晚，不想找你的人，還是不會找你的。

當你越陷越深，當你付出太多的時候，你就無法自拔了，你割捨不下的已經不是你喜歡的那個人了，而是那個默默付出的自己。當你驚嘆於自己的付出的時候，你愛上的人，其實只是現在的你自己。到最後，在這場獨角戲裡，被感動的人只有你自己。

我相信在某個瞬間你也一定想過，他不是害羞寡言、高冷木訥，他只是沒什麼話想對你說，僅此而已。他究竟喜不喜歡你，你心裡其實已經有答案了，而你如果再這麼繼續欺騙自己下去，光想著怎麼讓對方喜歡，那你自己呢？你自己的感覺真的就那麼不重要嗎？

你們都沒錯，只是不適合，就像夏蟬，永遠也走不進秋天的愛情。所以學會放手，真的不一定是壞事，對自己好一點且仁慈一點。

有些人，不可能就是不可能，就算你再喜歡，你試圖強行去改變自己，把自己塞進他的生活去配合他、遷就他，這樣做的結果，也只是令雙方都極其為難。

其實，我們平時都很容易忽視掉一些東西，就像在生活當中，至關重要的一項技能可能不是買買買，而是扔扔扔。你應該定期整理自己的衣櫃、冰箱、梳妝檯，扔掉那些早就過時和已經褪色的衣服，扔掉那些過期的食物、化妝品和不會再用的配飾。

總之，不適合你的東西要學會放手，給提升的自己留足空間。同理，累人又累己的關係，還是及早放手為好。

如果說得狠一點，在這個世界上，沒有誰是誰的氧氣，也沒有誰離開誰就會真的活不下去。而這將會是你成長的一部分，你總要學會適應，學會接受生命裡所有的可能以及不可能，學會習慣一切的相遇和離別。

只有當你修過了這堂課，也拿滿了學分，人生才會真正變得開闊起來。

退而求其次的選擇，都是將就

你說

我們真正可以期許的自由、信任、安穩究竟是什麼呢？是你有選擇的權利，以及為了這個選擇承擔任何結果的能力。

喵喵說

答應我，除非萬不得已，儘量不要選擇退而求其次的選項，無論是買東西還是擇偶。得不到自己最想要的那一個，只會在心裡埋下一顆「愛不到」的種子，心心念念、輾轉反側。所以再試一次吧，為了自己最喜歡的人或事。

他三十五歲，她比他年長，剛好四十歲。

他是朋友圈裡出了名的黃金單身漢，家境優渥，在大企業就職，沒聽說過他有什麼黑歷史，而且顏值超高！總而言之，如此優質的一個人，如果再一直這麼單身下去，大家都要開始懷疑他的性向了。

他身邊的人大都以為，他最可能的歸宿，就是被某個年輕貌美的女孩收服。

於是，當他和她公開交往的那一天，所有的人都覺得有一些意外，大家都感慨她的運氣怎麼這麼好，在四十歲這個年紀，等到了一個無數女孩子都求之不得的愛人。有人羨慕、有人嫉妒，但就是沒有一個人覺得他們不相配。

如果仔細想想，這世上所有的意料之外，其實都在情理之中。

很多人對她最大的印象就是，這女生把自己的人生過得精彩且豐富。她很忙但也很閒，自己成立的工作室在業內頗有口碑，經手的案子都很成功，身世並不遜於他。她思想獨立、見識廣博，喜歡忙裡偷閒四處拍拍照片，竟然還得了一些攝影類的獎項。

而且四十歲的她，從容貌到身材，完全不輸三十幾歲的女生！在她身上，完全沒有哪一點會讓人聯想到「人老珠黃」這四個字，光氣質就贏了一堆二、三十歲的小女生。所以即便單身，也絕對是人生的贏家。

他們決定拍一組婚紗照，他們選在他最近經常去出差的城市，邀請了一個熟識的攝影師掌鏡，在當地一個很美、很安靜的小教堂前，伴著初秋清晨自然而靜謐的光線，留下了這輩子最安心、最幸福的笑容。

那天，他身上穿的是他日常最喜歡、最習慣的搭配，白襯衫加牛仔褲，乾淨清爽。而她穿的小禮服，是前一天晚上才在路邊的一家服飾店裡購買的，頭紗則是閨密很早以前送給她的，捧花也是順路在花店挑的。

加上兩個攝影助理，五個人坐一輛車，短短兩、三個小時就拍攝完畢，無人打擾，整個過程溫馨、簡單，卻有著說不出來的浪漫和自在。

她只不過是錯過了該結婚的年紀，但沒錯過最好的自己，她的幸福完全來得合情合理。或者，也只有這樣始終美好又不肯將就的女生，才會讓上天更加眷顧吧。

有一份資料顯示一九九〇後出生的男女選擇早婚，其中的一個原因就是怕獨自面對未知的生活，在這種徬徨和恐懼下，他們渴望在不安定裡趕快找到一點安全感，可以當作依靠。

但事實是，人只要活著，就永遠會如同小船行於海上，暗礁、風浪會永遠存在。不會有任何一條航線，可以讓你將船舵撒手，御風而行。

我們真正可以期許的自由、信任和安穩究竟是什麼呢？是你有選擇的權利，以及為了這個選擇承擔任何結果的能力。

所以，別說四十歲的她是如何幸運，對於她而言，她的幸福絕不是因為嫁給了誰誰誰，而是在過去的這四十年裡，她讓自己活成了有能力選擇和承擔的自己，僅此而已。

※

從小聽著王子和公主的故事長大的女孩子，不知道你有沒有想過，所有的故事都可能有另外一個版本。

很久以前，有一個帥氣的王子，他透過水晶球看到了善良美麗的公主，於是他就去求女巫施法，讓他們相遇、相愛，但是壞心眼的女巫卻設計了許多阻礙。後來，王子和公主終於排除萬難，幸福地生活在了一起。

這是寫給小孩子的版本，但是在成年人的世界裡，這個故事的結局也可能是：女巫摘下她黑色的帽子，孤獨落寞地離開了，只留下一句：「唉，若不是你對她如此喜歡，若不是為了讓她也愛上你，我又怎麼會想當這壞心眼的女巫……」

當童話變成了一個有關暗戀的故事，有人圓滿也有人哀傷。也許，有些人出現在你生命裡的意義就是要教會你承認，無論你再怎麼努力，有些人你就是得不到。

可是，現實當中的愛情往往真的就是這樣。你在暗戀她，而她有自己喜歡的人，不巧的是那個人並不是你。你得不到她，她得不到他，在這場愛情的困局裡，兩個人全都是卑微的，沒有一個是贏家。

後來呢？有多少人，正是因為愛不到，最後選擇了退而求其次，又有多少人，在退而求其次之後是真的獲得了幸福？

不客氣地說，談戀愛這件事，有時候和買東西一樣，退而求其次的結果，終究就只有兩個字──浪費，既浪費彼此的緣分和時間，也浪費自己對於愛情最美好的設想和憧憬。

你可曾想過，也許對於她，你並不是非她不可的那種喜歡，你只是對「你付出了但卻沒有得到預想的回報」這件事感到耿耿於懷。

如果以後你也遇見一個像自己當年一樣執著傻氣的人，當你察覺到他喜歡你時，你會不會有勇氣對他說：「抱歉，我可能不會喜歡你，也不想貪戀和枉費你對我的好，這不公平。我沒有辦法假裝喜歡你，因為一定有人比我更值得你愛。」

願你可以成長為一個自己喜歡的人，然後遇上一個可以讓你變得更好的人。

願你們彼此喜歡而不必費心取悅，願你們在這漫長歲月裡不管在一起多久，都能奮不顧身，一次又一次地愛上彼此。

Chapter 5

一輩子不長，請對自己好一點

從現在開始，停止對自己的不滿和攻擊，
把時間多花在磨練自己身上，造就出不同的一面，
犀利的、柔軟的、細膩的、理性的、有條理的，
你遠比自己想像中的可愛和值得被愛。

這世界很美，
請溫柔的對待自己，並且記得愛自己。

人生很短，本人很懶

你說

你問現在的年輕人，什麼叫「既隨性又認真」？他們會回答：「上班時天天想著離職，但月月都是全勤。」年輕人們都在痛苦並快樂地過日子，用自嘲來面對生活的冷峻與嚴肅。

喵喵說

那些嘴上抱怨不想上班的人，卻比任何人都更看重個人價值的實現；那些嚷嚷著「鹹魚不想翻身，只想廢下去」的人，都在拼命地活；那些自嘲「人生很短，本人很懶」的人，最能抵得住誘惑，該工作的時候好好努力，該玩的時候好好盡興。兩副面孔是現代年輕人的標配，表現在外的永遠只是其中一面。只有自己才瞭解自己，只有自己才能活出自己的味道。在放膽表達、真實做自己這件事上，永不妥協才是年輕人的標籤。

那天，人事經理遞給我一份應聘履歷，我一看，現在二十歲出頭的孩子，在履歷中都這麼敢寫的嗎？

某某某。

個人粉絲頁營運總監，擅長對客戶市場進行分析，分析競品資料指標，調整營運策略，提升客戶滿意度，兩年內保持生活費自由。

某某某。

技能：砍價沒輸過。

特長：成功從八十公斤減到了五十五公斤。

自我評價：長得還挺漂亮的。

當然，這麼有個性的履歷，肯定是少數，但真實的他們，究竟是什麼樣子？

他們是真的虛榮嗎？現在同事手裡拿的都是最新款的蘋果手機，新來的「〇〇後」實習生用的卻還是二〇一六年買的，現在早就已經停產的舊款蘋果手機。她完全不覺得有什麼，二十歲的成年人了，如果真有自己想要的東西，自己賺錢買。

櫃台的年輕同事，月薪二萬八千元，上班時背著奢侈品牌的包包來。當時很多人覺得，她應該是某個「富二代」來體驗生活的吧。結果後來吃飯閒聊時，她大方地說，包包是花二千元買的仿貨。

在他們身上，你看到的似乎不是攀比的虛榮，而是透明的坦誠。

他們懂人情世故嗎？他們自律嗎？

即將過年時，老員工還不知道老闆今年會給多少年終，一般也只會老實地等待，「○○後」就會直接在公司群組裡提醒老闆：「還不發獎金嗎？」看得你都替他捏一把冷汗。

他們討厭早起、討厭加班、討厭每天上下班要擠捷運和公車。就像每天看書一小時、跑步五公里這種計畫，制訂多少次就會失敗多少次。

他們任性嗎，有事業心嗎？

小賴去一家公司工作一個月就提出辭職，理由是這裡的同事們有點無聊，沒有幾個人跟他一樣喜歡電競遊戲，因此無法跟大家聊天。

這還不是我聽到最離譜的離職理由，前幾天隔壁部門的一個員工辭職，理由是他可以熬夜，但熬夜工作不行。

他們懶嗎，一逮到機會就當薪水小偷？

你要知道，在公司待了五年的老員工，上班摸魚主要是看抖音、逛網拍、找找晚上想吃的餐廳，追已經看了第八遍的連續劇。

「〇〇後」、「九五後」摸魚的話，也許是在準備考托福或證照，忽然有一天你可能會聽到，他找到了一個福利更好的工作機會。

全公司顏值頂標是一九九八年出生的年輕人，是性格很陽光的潮男，從老闆到同事都挺喜歡他的，但他最大的問題就是工作不夠積極，而且從來不加班，還有點拖延症狀。

有一次，他一張海報稿拖了三天還沒交出，客戶急得打電話到老闆那，氣得總監當眾發飆並下了最後通牒：「若下週一再不交稿，你就去人事部辦離職，我們公司可請不起你了。」

他並不慌張，也沒反駁找藉口，只是悄悄搓了搓手，然後週末埋頭加班，一下子趕出來四版，客戶看到提案之後很滿意，直接通過。後來再提起這件事的時候，他只是慢慢地從嘴裡吐出一句：「可以說我懶，但不能說我不行。」

反正「〇〇後」總是有辦法讓你驚掉下巴。

綜合以上各點，你發現了嗎？現代年輕人的人生信條之一就是：人生苦短，本人很「懶」，懶得修飾、懶得裝，懶得搞那些算計，更懶得耗費時間在不重要的事情上。他們活在當下，他們不想要自己的人生劇本被這個瘋狂世界改寫。

從某種角度上來說，他們似乎努力活成我們最初想活成的那樣。不那麼小心翼翼、中規中矩，或者說他們活得更像自己了。

有些年輕人，你看得到帶著稜角的銳氣，更看得到朝氣之下的沉穩。但也有些年輕人，履歷一片空白卻自視甚高，動不動就要求年薪百萬，一開口就是只感受到躁動、輕浮。所以，別把無知當有趣，別把沒底線當瀟灑脫。

在我們這些前輩眼裡，「○○後」們大概是個看不透的矛盾體，他們彼此之間的不同，甚至已經大大超越了他們與「我們」的不同。

至於讓我真正對他們的內心世界有所感知的一句話，是前幾天吃飯的時候從隔壁桌聽到的：「我之所以努力工作，也不只是為了我自己，我想讓我的父母在所有人面前可以很有尊嚴、很有面子。」

人只有憑藉自己的光，才能綻放出最喜歡的模樣

你說

有人說，有時候我們需要的只是等待，等待這一刻成為過去，等待時間給我們答案。

喵喵說

歲月易逝，這世界上最殘酷的就是時間，所以別把一切都推給時間，它雖然能解決問題，但也會製造問題。

前幾天晚上，朋友約我去吃火鍋，但整個用餐過程最大的亮點，不是火辣辣的湯汁和涮出來的肉片，而是鄰桌的那一對閨密。

其中一個女孩當時接了一通電話，她和對方說：「我沒生氣啊，我沒生氣，還有事嗎？沒事的話我掛電話了，先這樣吧。」掛斷了以後，另外那個女孩問：「是他吧？你找我吃飯主要不就是因為他惹你生氣嗎？那他打來你為什麼都不說呢？」

接電話的女孩說：「你說他是不是笨蛋？自己女朋友有沒有生氣他不知道嗎？還一直問，簡直氣死我了。」

此話一出，想必你我心裡會閃過了一句話：「這女生也太任性，好做作啊。」

其實仔細想想，也不只是她，我們每個人都會得一種病，就是「口是心非症」。因為人常常會不自覺地走進一種誤區，那就是覺得別人一定能懂你的感受，然後緊跟著就會把某種期盼寄託在別人身上。我們的邏輯常常就是——如果你愛我、關心我，你就必然能懂我的倔強和逞強，你就必然能聽懂我口是心非背後的潛台詞。

你要知道，也許並不是別人情商低，和你沒默契，而是這世界上從來就沒有感同身受這回事。你覺得自己五臟六腑都被傷透了，你自己都快委屈出內傷了，但別人還是一頭霧水，連一點點都體會不到。

有些事就是這樣，你以為的和他以為的，你所說的和他所理解的，根本就是兩回事。

有時候，你說了一大堆的話，他就只回個「嗯」；你一個人跑到他家去見他，想給他個驚喜，他卻一直埋怨你太孩子氣；你花了好幾週織了兩條情侶圍巾，你覺得這很浪漫，但他卻說顏色不太好看，怎樣都不肯戴。

你看著他，再看著電視劇裡面「別人的男朋友」，頓時就感到很鬱悶，肚子裡就有一股無名火。但有些事情真的是需要你說出來，不要等著對方去猜、去領悟。

他就是一個木訥、不懂表達、不懂浪漫的人。他只回個「嗯」，是知道你明天要早起，怕你越說越興奮，想讓你早點休息；他說你太孩子氣，其實他見到你的時候心裡明明很開心，但是他更擔心你一個人出門不安全；他不肯戴你織的圍巾，其實只是捨不得，想一直一直完整如新地收藏。

所以，對於這種口是心非而帶來的誤會，最有效的辦法，就是多想一想對方的好。你如果仔細想一想，說不定就會發現更多他愛你的小細節。

他的手機和金融卡的密碼，從來不避諱讓你知道，儘管你說不必這樣。

他是屬於高冷的個性，但他竟然會主動買情侶鞋，又或者突然上傳照片，大大方方地秀恩愛。

他很討厭吃香菜，但你超喜歡。你開玩笑地問他：「如果將來結婚的時候伴娘非要你吃香菜，否則就不給你開門，那你是不是就不打算娶我了？」從那以後，他竟然真的慢慢接受了香菜這種具有「殺傷性氣味」的食材。

對的人，不一定會帶著所有你喜歡的樣子出現，但他一定會讓你知道：哦，原來有些人這樣去愛，也挺可愛的。

※

很多女生大概都曾有一個夢想：遇到一個好男人，希望他能包容我並寵愛我，而且全世界只寵我一人。

一個人最幸福的時刻，就是找對了人，他寵著你、縱容你的習慣，並愛著你的一切。那個人，用本能去愛你，用天真去對你好。

他夜裡迷迷糊糊醒來時，會先幫你蓋好被子；在去找你的路上，他忽然想起你之前說的東西，就特意繞路去買了帶給你；自從認識他以後，你就從來沒有自己動手剝過蝦殼、剝過果皮，也沒有在大馬路上自己彎腰繫過鞋帶。

不過遺憾的是，這樣的男朋友常常是那種「別人的男朋友」。固然是別人眼裡無比幸福和幸運的事，但我還是要潑一下冷水。其實，二十年前的歌詞裡面早已經唱出來了──可惜愛不是幾滴眼淚幾封情書，等待著別人給幸福的人，往往過得都不怎麼幸福。

幸福這件事，很大程度上取決於自己的安全感。當你無比喜歡又無比依賴一個人的時候，基本上，你就像是在圍繞著某個天體公轉的另一個天體，像月亮之於地球，像地球之於太陽，透過圍著對方旋轉，去尋得一份生存的意義。

在這樣的情況下，你的安全感在哪裡？

前一陣子在網路上看到一段話：「我認真做人，努力工作，為的就是當站在我愛的人身邊時，不管他富甲一方還是一無所有，我都可以張開手坦然擁抱他。他富有，我不用覺得自己高攀；他貧窮，我們也不至於落魄。」

對方對你再好，和你自己該不該努力奮鬥，這是兩回事，而且並不互相矛盾。如果你不是透過努力奮鬥得到屬於自己的東西，那麼到最後，你的生活根本不會有更多的餘裕和空間。他富有，你就有可能被認為是攀附，就有可能被他輕視或者拋棄；他貧窮，你就得跟著他一起承受貧窮，抱怨人生。

而所有這一切，都是因為你沒得選，也沒有主動權。人只有憑藉自己的光，才能綻放出自己最喜歡的模樣。

一輩子不長，對自己好一點

你說

人的生命裡，很多的變故彷彿都是突然發生的——突然就遇到了，突然就失去了；突然誰走進了你生命裡，突然又失去了誰。

喵喵說

「突然」是一個很好用的詞，好像一切變化都能歸咎於突然。但仔細一想，所有的意料之外其實都在情理之中，誰離開誰都並非突然做的決定，人心是慢慢變冷的，樹葉是漸漸變黃的，故事是緩緩才寫到結局，而愛是因為失望積了太多才變成不愛。

時間打敗一切，時間也成就一切。說到底，我們所輸的都不是別人而是自己，輸給自己的不珍惜、不成熟和不堅定。

記得我大學畢業後有一次生病在門診打點滴，遇到一個女生因為節食過度導致低血糖，竟然在家裡暈倒了，被室友送了過來。那女生其實就和我住同一棟樓，平時偶爾遇見也會打個招呼。

我問她為什麼要這麼拼命節食，她蒼白的臉上沒有一點血色，手上輸著營養液，有氣無力地說：「我男朋友希望我能再瘦一點……」

後來有一次在電梯裡碰到她，還真的瘦了一大圈，關鍵是整個人的氣色很好，真的是讓人眼睛一亮。她說，她現在的體重不到五十公斤。

「你男朋友現在一定超喜歡你吧？你為了他變得這麼瘦。」我問她。

「我們分手了。」她的眼神倒是出奇地淡定。

當她真的開始瘦下來的時候，男生卻提出跟她分手，理由就是他喜歡上了別人。其實，女生親眼看到過他的新女友，那是一個有些肉肉的女生，既沒有她高，也不比她瘦。那時她真的徹底明白了，一個人不喜歡你，從來都不是因為你胖或者你矮。

分手了以後，她依然在減肥，只是沒有了那種迫不及待式的自虐，更不再瘋狂節食。慢慢地，她竟然真的瘦了下來，變得又瘦又健康。

有時候當你放棄一段沒意義、沒營養的感情，不愛了，也許會慢慢變得輕鬆。不愛的時候，心情和頭腦也就真的慢慢平靜、清晰起來，沒有多疑的猜忌，沒有受傷的敏感，沒有變態的惱怒，沒有期望的焦慮，沒有失望的傷心，最主要的，也沒有了那些不切實際的幻想。

其實大家的餘生都沒那麼漫長，而愛情也不是你唯一應該去投入的事。在平凡的生活裡，不要做卑微乞求的那個人，請你對自己好一點，請你忠於自己、活得像自己。

請你記住，在自己的世界裡真實地做自己就好，獨一無二的你，就是最珍貴的。

※

「你要對自己好一點，畢竟一輩子不長；你要對身邊的人好一點，因為下輩子不一定能再遇見。」

很多人都會贊同這樣的話吧？可是怎樣才算是「對自己好一點」？其實最關鍵的，可能並不在於你多吃幾頓大餐，在穿的、用的上面捨得花錢買幾件名牌，而是你能在多大的程度上做到尊重自己、肯定自己。

不知道你有沒有覺得，堅持做自己，似乎成了一件越來越難的事，而隨波逐流、人云亦云，似乎成了一項生存所必需的技能。

當然，這樣做最大的好處就是舒坦、有安全感，別人不會吐槽你「大家都不這麼認為，就只有你！」「你這麼特立獨行，是想顯得自己有個性吧」。

而我只是想說，不管是愛情也好、事業也好，在做選擇的時候，別在該或不該的問題上糾結太多，要多問一問自己願不願意。

當初別人覺得學醫不錯，你就放棄了想學語言的想法，報了理科；上個月別人覺得你好像胖了，你就努力減肥；現在聽別人說那個女生多優秀、眼光多高，你就沒了勇氣，連跟她講話都不敢。

其實，既然是自己想做的事，那為什麼不能多給自己一些肯定呢？要知道，很多人之所以平平庸庸、碌碌無為，就是因為太容易否定自己。

對於大多數人而言，變得更成熟的時候，就是當你不再過度在意別人對你的看法，能較放鬆和從容地去做你認為對自己好的事。

畢竟，我們只有在不需要太在意外界的聲音時，才會真正變得自由起來。如果太過盲從和依賴別人的意見，你就永遠不能成為可以獨當一面的人。何況，所謂的選擇道路，其實並不一定要選擇看起來既好走又安全的那一條。路線不同，風景各異，收穫自然也就不同了。

人生這道題，永遠都沒有所謂的標準答案，保持對世界的熱愛和好奇心，才是對待生活的正確方式。

不管到了什麼年紀，既然有想追求的東西，就試著去追求吧！在你向前追趕的過程中，
誰也不知道會發生什麼驚喜，對吧？

活著，就意味著必須做點什麼

你說

多麼希望有一天突然驚醒，發現自己是在小學的一節課上睡著了，現在經歷的一切都是一場夢，桌上滿是你的口水。你告訴隔壁同學，說你做了一個好長好長的夢。同學罵你神經病，叫你好好上課。你看著窗外的操場，一切都那麼熟悉，一切都那麼充滿希望。

喵喵說

有時候，我們都希望有一台時光機，可以讓人生重來，於是，我們可以彌補、可以挽留、可以少一些何必當初。

但是，人生不管重來多少次，還是會覺得有遺憾。每個人今天的樣子，並不是因為當初沒有選擇另一條路，而是你沒有在這條路上，用心尋找過更美、更值得期待的風景。

這次，我們不講故事，我們來談一部電影吧。

有些電影其實和人一樣，你也知道它大概有些缺陷，你甚至都不會向別人推薦它，但這完全不妨礙你欣賞和認同其中一部分的理念。對我而言，《20、30、40》就正好屬於這一種。

在這部電影裡，張艾嘉飾演的 Lily 在四十多歲的時候發現丈夫出軌，就毫不猶豫地離了婚。只是，一個四十多歲的女人要重新開始建立生活，談何容易啊！

她絞盡腦汁想要俘獲初中同學、單身王老五張世傑的心，但最後對方還是選擇了年輕漂亮的女友。在洗澡的時候，她對著鏡子說：「我是一個被拋棄的女人。」然後呢？是的，她是一個被拋棄的女人，但是她不能拋棄她自己，她要找回自己。

在第二天清晨，她一個人拿著手機，迎著陽光去慢跑。

十餘年前在自導自演這部電影的時候，張艾嘉本人已經五十歲了，我猜想，這大概就是經歷過半世浮沉的她，想要傳達給我們的一種生活態度——不管發生什麼事情，自己都不能拋棄自己，生活必須要勇敢往前走。

所以二十歲的你，每天都在做著什麼？因為和某個人分手了而一蹶不振？因為工作上的一些不順利而打了退堂鼓？因為交友不慎覺得自己瞎了？

但這又如何？抱歉，更渣的人你還沒有遇見，更糟糕的事還等著你呢！你這就要投降了嗎？

人生啊，永遠都不會那麼容易，勇敢、勇氣和野心，這些詞真的不該只是說說而已。一位經歷過車禍劫後餘生的人曾經說：「既然還活著，那就別白費生命。」而村上春樹的一句話說得更是透徹：「活著，就意味著必須做點什麼，請好好努力吧。」

別老想著如何逃避，而是更應該多給自己一些正向的暗示：「我並沒有被生活綁架，我更沒有完全失去改變的可能，我可以戰勝軟弱和焦慮，可以活得自在而充實，我能走得再遠一些，並且展現出必要的決心。」

希望從今往後的你，不苛求、不折磨、不虐待自己，無論遇到怎樣的困境，學會對自己說：「沒關係，會過去的。」

希望你以後做什麼都能為時不晚，希望你愛的人會在你身邊。希望每個下雨天，都有一把傘送到你面前；希望每個下雪天，都有一個溫暖的肩膀給你靠。

希望每次你難過的時候，都會有人陪著你；希望你愛的人會早點對你說出那句「我愛你」。

※

每次看到別人在失戀以後，總是痛心疾首地說要忘記過去、忘記那個人，我心裡總是有一個問號：「為什麼非得要忘？發生就是發生了，當然會有它的痕跡，你忘得掉嗎？能完全不著痕跡嗎？」

在成年人的世界裡，快速的遺忘簡直是一件太奢侈的事，特別是在愛情的範疇內，在前任的身上，從來都沒有「忘」這回事。我們所能做的，就是必須帶著自己以往的全部經歷去生活，人人皆如此。

前任都曾是對的人，即便那個人沒有陪你走到最後，即便最後只能分開，只能變得陌生，很多人仍舊心存感念。因為他出現在你最美好、最難過、最容易被辜負的年紀和時光裡。陪你走過、瘋過、笑過、哭過，給過你實實在在的溫暖，也給過你單純美好的期待。

愛過的人是不可能忘得掉的，他只會漸漸地在回憶裡被擱置，被更有趣的人和事物所稀釋。可能有一天，你再次回憶起來的時候儘管還是會痛，但再也不會撕心裂肺了。

發生過的就是發生了，這一點，時光永遠都無法磨滅。

所以，當結果已經出現並且不可能逆轉的時候，不必逼迫自己該怎樣做，也不用指望別人能給你多少安慰，那都於事無補。過去的事，就任它默默存放在心裡的某個角落，因為不管你今天經歷了什麼，不管你今晚的淚水流了多少，明早醒來，這世界依然是車水馬龍，你還是要工作，要好好賺錢，好好養活自己。

前任都曾是對的人，這話不假，但其實我們所有人都差不多，新鮮感和熱情消失得越來越快，有人離開也有人會來，而那些愛恨情愁的箇中滋味，等你真的一一體會過了，也就釋然了。

生活畢竟還是要繼續，人總是要向前走的，對吧？

其實，不管之前曾經被傷害得多深，你都要相信，總會有一個人出現，讓你原諒之前生活對你的所有刁難。等到某一天，你遇到了一個溫暖且值得付出的人時，你就會慶幸，還好當初沒有非要留住那個舊人。

別急，最重要的也許都會遲來一步

你說

考試成績總是不上不下，玩刮刮樂都是損龜，好不容易遇到喜歡的人也老是錯過。於是感到孤單、無助和自卑，簡直負能量爆棚。

喵喵說

去過倫敦的人都知道，那是一座很特別的城市，這一秒你的眼裡看到的是老舊街道，破舊不堪；可是下一秒轉個彎，景色卻又美到令你驚嘆。這是倫敦，也是人生。

所以，生活不會永遠都是爛泥，人生最愚蠢的事情之一，就是只看到眼前的難堪，而拒絕了那些更加珍貴、美好的時刻來臨。畢竟峰迴路轉、柳暗花明的感覺還不賴，不是嗎？

前兩天，同事小萱跟我說，她本來特意保留著當初和男朋友一起出去旅遊時的登機證，想著以後有空的時候，可以做一本美美的畫冊。結果呢？她男朋友在整理東西的時候沒注意，把它和其他過期資料一起扔進了碎紙機，處理掉了。

小萱平時其實算是個挺急躁的人，但這件事發生的時候她特別平靜。

如果是其他女生，大概會忍不住生氣吧，若沒生氣男朋友也至少要哄上好幾天才行。但小萱就只是稍微念了一句：「唉，好可惜啊。」

我問她怎麼不生氣，她說：「我後來想想也覺得自己的反應好像挺奇怪的，但當時我腦子裡閃出來的第一個念頭就是，我們兩個人是遠距三年，他現在終於能每天陪在我身邊了，其實，其它東西真的沒那麼重要了。」

她說得很幸福，而我卻聽得有點心酸。

愛情的距離，可以近到像學校前後排座位的距離，也可能是遠到晝夜顛倒。

愛情裡除了有很多的浪漫，同時也摻著很多的無奈。那些沒有機會一直牽手走下去的人，在選擇放棄以後，遇到了某個相似的故事，或者聽到了兩句扎心的歌詞，不免暗暗附和著：「我們都是在沒能力給別人承諾的時候，遇見最想承諾的人，也是在為了理想不得不前進的時候，遇到最想留住的人。」

其實，我想說的只是，相信這句話的人，很有可能是電視劇、小說看得太多了，因為在這個世界上，不能再愛下去的理由可以有很多。因為太忙、太累、為你好、距離遠了、性格不合等等。但是說到底，無非就是三個字「不夠愛」，否則你是捨不得放手，看著她轉身離開的。

兩個人，一段情，不在一起的理由可以有一萬零一個。而你若是不想分開，你想繼續走下去的話，只要一個理由就夠了，就是「我很愛你，不想錯過你。」

※

以下故事中的這個人，是你嗎？

早上你和她說：「早安」，中午時你和她說：「多吃點」，晚上她說要跟朋友去吃飯，你說：「早點回家，注意安全」。飯桌上她的手機一直在響，她嫌煩就把手機調成靜音，但你卻還在等著她能回你訊息，就算只是一個貼圖也好。

手機終於響了，你迫不及待地拿起手機，卻是別人打來的。你滿心失望，卻還是不願放棄。

她在社群上發動態說：感冒了……

你迫不及待地問她：嚴重嗎？

她沒有回覆，也許你不知道，那則動態她根本就不是發給你看的。

第二天，你同事出差回來帶了當地特產，你想拿給她一份，電話打去無人接聽。你又打了一遍，依然如此，心想：「也許在忙吧」，你安慰著自己。然後手機不離手，生怕遺漏對方的訊息或電話。

你不肯告訴自己，她其實永遠都不會給你所期待的回應。

你心裡還在奢望著：她說不定會喜歡我，堅持下去她會看見我的好，也許我能感動她，也許她會懂得我的好……

你把自己禁錮在這虛妄的幻想裡，她的一句話能使你緊張半天，她的任何表情你都要琢磨許久，她的一個動作你都會費盡心思縝密分析。

為了迎合她的喜好，討她的歡心，你把自己弄得那麼累、那麼辛苦、那麼小心翼翼，終於有一天，當你傾盡所有的力氣，耗盡所有的心血，徹底絕望的時候，你才明白，原來奢望才是對自己最大的折磨。

開始的時候，你總會為對方找很多合理的理由，但最終你會帶著滿滿的失望默默離開。其實，對不喜歡你的人來說，你的每一則訊息、每一通來電都是打擾，每一次關心、每一遍問候都是壓力。

你旁邊的人會說：「想念就聯繫，喜歡就去追啊。」可是，你對她的熱情終將被她的毫不領情給澆滅，你對待她的執著終以無果而消逝。

有時候，愛不到也許會因禍得福，你動過情、傷過心，才會真的開始懂得，愛情不能用蠻力去談。正常的愛情是不需要放棄自我去拼命迎合的，感情本就應該是一場互動和默契，而不是一個人的獨角戲。

所以，訊息若沒有回覆，就別再傳了；沒有回應的感情，就考慮放手吧；不願意理你的人，就別再打擾了。

有人說過：「愛情的代價就是如此，不能得到對等的愛情，就會得到一種深藏於心的輕蔑，這是一條定律。」

想陪你吃飯的人，酸甜苦辣都是美味；想送你回家的人，東南西北都順路；想和你聊天的人，永遠不會嫌你話多；想回你訊息的人，再苦再累都有空。

無論友情還是愛情，千萬不要打擾那些遲遲不回覆你的人，得不到的回應要適可而止，擠不進別人的世界就別硬擠了。

人若不被在乎，要學會轉身；若不被愛惜，要懂得放棄。不要偏執於不屬於你的東西，不要覬覦不在你人生路途上的風景，也許轉身以後，你就遇上了更美麗的風景。

你活著不是為了取悅誰，給自己留點小傲嬌。真正合適的感情，從來不是費盡心思地去討好。別再去打擾那些不可能領情的人，最終，你的熱情只會被白白辜負。

當有一天，你真的遇到了一個連你的每句廢話都會回覆，捨不得忽略的人，你大概就明白了誰是你該珍惜的人。人總是奢望著前面的那個人能為我們停下腳步，卻從不回頭看看那個一直在我們身後的人。

願你的熱情終會被對的人溫柔對待，能夠愛得灑脫、真摯、不辜負。

Chapter 6

你很珍貴，理應自由、驕傲、無所畏懼

有些時候要勇於爭取，
無論對人、對事，或是命運。
你會感到恐懼和焦慮，
但撐下去，後面的日子你將無所畏懼。

你最該做的事是富養自己

你說

個性太過於強硬會傷人傷己，過於柔軟又保護不了自己。要多厲害才能做到有自己的個性，又夠圓融周到？

喵喵說

我希望，你能做到富養自己。富養自己究竟有什麼好處？其實也沒什麼，無非就是取悅自己的能力多一點，想法更有高度一點，選擇的方向更多一點，做事更自主一點，看到的世界更廣大一點，和那個最想看到的自己更接近一點。

很多很多的一點累積起來，最終，你成了一個誰都不用去羨慕的人。

有一天，網路上有人開了個話題，要大家留言：單身久了是什麼感覺？底下一個特別搞笑的回覆是：「你別說擰瓶蓋了，連消防栓都能擰開……」

其實，單身的生活，既有表面上看起來的自由自在，也充斥著孤獨與心酸。

A說，逛超市的時候，站在冷藏櫃前，不知道要喝果汁還是汽水，總覺得這時候旁邊應該有個人，毫不猶豫地拿起兩瓶說：「跟我喝一樣的吧。」

B說，我多想有個人告訴我：「你不用改變自己，我來習慣你就好。」

C說，一個人做一頓飯的量永遠都是那樣尷尬，因為基本上，即便只做一個菜也一定會剩。

在日本作家高木直子的某一本繪本裡，有關於一個人做飯的段落，說的是她每次煮米飯都會做好多，然後把它們分成一小份一小份放在冰箱，需要的時候加熱一下就可以了。

你看，一個人的生活就是這樣，你總是要想盡辦法，把所有的事情都變得剛剛好。

我始終覺得，沒有人天生希望孤獨，人總會有被人需要、被人理解、與人交流的渴求，那種「孤獨得像條狗，自由得像小丑」的感覺，能有多好、多享受？

你試過一人吃年夜飯嗎？一個人看電影、一個人去醫院、一個人搬行李箱、一個人從超市把東西扛上樓……真的太多了。

一個人，開始不敢在下午睡一覺，怕自己一覺醒來正是天黑，空蕩蕩的屋子裡靜得出奇，想想別人家，應該正是已經做好晚飯上桌的時候，那時候心裡就會湧上來一種自己被全世界拋棄的感覺。

孤單的時候很想找個人陪，後來想想就發現，有的人不能找，有的人不該找，還有的人找不到。算了，自己能處理的，就不去麻煩別人了。

可是，兩個人的生活就沒問題了嗎？

在愛情和婚姻裡，你要兼顧彼此的習慣、情緒和脾氣，你要收斂自己一部分的個性，你要付出，你要想辦法妥協，你要家庭事業兼顧，也要老人小孩兩頭忙。

沒辦法，這就是生活的真相，不管選哪一條路都會有各自的難題與苦樂，你要不斷面對和承擔，更要不斷解決，你甚至要學會樂在其中。

在這個世界上，大概沒有人是喜歡等待的。但等待也真的就是人生的常態，很多事情沒結果之前你只能等待，在一切還沒有變好之前，我們只能學會等待，可以先專注在工作、看書、健身、旅行……等等，總之，你得先成為自己喜歡的樣子，你要等的人才會來與你相遇。

等待不等於完全被動和認命，也是一種蓄勢待發，一定是讓自己變得更好的過程。如果寧願浪費時間去期待完美的人出現，也不肯花時間去修煉不甚完美的自己，這樣的人生才更加荒謬吧。

那是一段任何幫助都沒用的日子，只能自己一步一步走過來。所以，在你遇見那個對的人之前，別惶恐，在等待的過程中儘量讓自己更好一點，只有這樣，對方才會知道等到你是值得的。最怕的就是，那個你認為對的人遇見了你，會嘆息埋怨著，等了那麼久只等到你這樣的人。

如果那個對的人現在還沒出現，別著急，他也在升級提升自己中，他也怕被你嫌棄。

總之，以後還有很長很長的路要走，還有很好的人，等待著與你相遇。

※

在你身邊，是不是有這樣一種女孩，就是如果遇見了令她心動的人，哪怕自己心裡再怎麼迫不及待，也不會主動聯繫那個人。她獨立、倔強、自尊心極強，如果你不主動來找我，那我就寧願錯過你。

在她的邏輯裡，我渴望能見你一面，但是請你記得，我不會開口要求說要見你。這不是因為驕傲，而是因為唯有你也想見我的時候，見面才是有意義的。

所以，她可能會很想見你，但絕對不會主動聯繫你，而她的不主動，也許不是因為你不重要，而是她不知道在你的心裡她是否重要，她不想一廂情願。既然你一直注意不到我，那就說明你不會喜歡我。你若愛我，自然會排除萬難，否則，我寧可錯過你。

或者，你自己就是這樣的人吧？

其實，我很欣賞有些人在愛情裡的這種傲氣。試想一下，單方面喜歡上一個人，你會覺得自己連吃醋的資格都沒有，連撒嬌生氣也要掌握好分寸，生怕他的耐心耗盡了轉身走開。

暗戀，像是徘徊在一場盛大無邊的孤獨裡，你無數次的獨角戲都是因為他。昨天看見他跟別人說了好多話，你就嫉妒得不行，今天他進電梯的時候等了你幾秒，和你聊了幾句，你心裡似乎又燃起了希望。

暗戀裡的人，就像是一個人在自導自演，周而復始，把小心思拆了又裝，永遠都捨不得邁開大步離去，卻也永遠開不了口。

如果真像這樣，在一段愛情中，當你連自己都覺得自尊心不停拉低的時候，就真的不要再把愛和喜歡掛在嘴邊了，那樣的愛情即便得到了也難以美好。畢竟，感情終究是兩個人的事。

你不妨想想看，你那麼努力地改變自己，那麼想要成為他會喜歡的人，可是，你自己呢？

既然他不可能愛你，那麼你就必須要灑脫一點，這也算是對自己的一種公平。一廂情願去愛的人，唯一的選擇就是願賭服輸。

某一刻，等你清醒過來，你就真的徹底理解了有些人所說的：「以前一直以為，最可怕的不是不愛，而是愛不到，現在才明白，更可怕的其實是得非所愛。」

底線上的勢均力敵，精神上的門當戶對，這才是愛情裡最好的模樣。

你怎樣都可以，就是別執著

你說

要感謝前任，讓你看清，讓你成長，讓你變得更好。

喵喵說

抱歉，我並不覺得是這樣。那些痛不欲生、撕心裂肺的日子，都是你咬著牙一天一天挺過來的，憑什麼要感謝別人？你要好好謝謝你自己才對啊！

在我所認識的人裡面，雙子座的曉珊是很特別的女生，我從沒見過任何一個女生像她這麼溫柔沉靜。

幾年前，有一天晚上她特別想吃燒烤，但冬天很冷，她就打電話給當時的男朋友，問能不能陪她一起去吃。他在電話裡說：「今天這麼冷，還是算了吧，不想出門。」

也對，太冷了，所以她自己去了。這就是她，她以為愛情就該是如此平等的，不用強求對方非得為你做點什麼才算數。

可是後來分手以後，她遇見了另外一個人。一樣是在電話裡，聊著聊著她就順口說了：「今天有點想吃披薩」，電話那頭緊接著就傳來了窸窸窣窣穿衣服的聲音：「這麼冷的天氣，你就別出門了在家等著，我正好沒事我買過去給妳。對了，妳還想吃別的嗎？」

或者你會說，剛剛認識或者正值熱戀期的戀人哪個不是這樣？等過了新鮮期就很難說了，但當時的他們已經相戀三年了。

曉珊說，這就是她所見愛情裡的兩種樣子——愛你的人，怕給你的不夠；而不愛你的人，就怕你要求太多。

當然，生活絕對不是電視劇裡的設定，男主角浪漫、體貼、多金，外加溫柔體貼，說的每句台詞都深情款款。現實就是現實，曉珊身邊的那個他也有一些缺點，但是對曉珊來說，卻都可以甘之如飴。

他有時候會惹曉珊生氣，但是只要他一察覺到她語氣有些不對勁了，不管多晚、多累，一定會過來見她一面，當天就解釋清楚。

他有時候會粗心大意，但是基本上，屬於他們倆的紀念日他卻一次都沒忘記。而且，懂得和其他女生保持著適當距離，完全不讓她擔心。

這就是最真實的愛情吧，遇見一個人，他的身上帶著你想要的和不想要的、喜歡的和不喜歡的種種個性，來到你身邊，相處時難免有時會無奈、會不爽，但你的心裡始終是慶幸的，因為你知道，你愛他而他也同樣深愛著你。

有時候，愛情正如每個人生活的處境，你可以去許多地方旅行，在異國留下自己的足跡，但最後，只能選一個地方定居。

那個地方未必最美、最令你喜愛，甚至可能很不起眼，而你選擇在那裡定居的原因，是因為它最適合你，而且你拿得到永久居留權。

※

大概，這世界上最大的謎團之一，就是為什麼女生出門前的準備過程會那麼繁瑣。

其實，對於那種只不過是出門丟垃圾、買個電池，都要換一套衣服再化個妝的女生，我真的完全能夠理解。

諾拉．艾弗倫是好萊塢知名的女導演兼大編劇，六十幾歲的時候還曾說過：「有一、兩個前男友，我一直擔心會與他們不期而遇，而事實上就算遇到，我也許認不出他們，更何況他們居住在其他城市。但我每次打算畫眼線出門的時候，總是會不自覺地想到他們。」

我實在不敢想像這樣的畫面。一個閨密曾經萬念俱灰地和我說：「天啊！你知道嗎？我大素顏的，兩隻眼睛超腫，還油光滿面流著汗，新鞋不太合腳，腳也被磨破了，痛得一拐一拐的，手裡提著兩大袋東西，就在這時候，對！就在我這輩子最狼狽不堪的時候，我居然遇到了我前男友！」

而另一位女人，脾氣火爆、內心強大，強大到我以為她幾乎不會被任何事情傷害到。有一次她帶著哭腔說：「為什麼我都胖成這樣了，前男友還是一眼就在人群當中認出了我！」

看吧！任憑女人再怎麼堅強，也都想當一個最體面的前任。況且，誰又能保證多年之後，我們不會再次出現在對方面前？不管是牽著另外一個人的手，還是獨自一人。

我實在不敢想像，多年後若我和前男友再次遇見，他穿著一身得體的西裝，事業有成模樣，而我卻一臉蒼老，身材變形，似一堵矮牆般地站在他面前，聽他說出那句早知道答案的：「你過得好嗎？」

分手的目的不是折磨自己，而是為了比以前過得更好，不是嗎？

所以，該結束的感情，就讓它體面乾淨地結束、翻篇，而最好、最體面的方式，就是讓自己活得更好一點。

有一天你會明白，不管你們分開是因為不得已還是別的原因，「我會永遠陪著你的」這句話，對於最後沒能在一起的人而言，就跟手機裡收到的「恭喜你中了五百萬」、「恭喜你獲得環遊世界資格」、「恭喜你成為我們節目的幸運觀眾」是一樣的，統統都是詐騙資訊。

記憶也好、資訊也好，應該刪除的就及早刪掉吧。然後，彼此都好好地往前走。

我們的人生不會因為一件事就停滯不前，也不會因為一件事而一步登天。愛情這件事其實很極端，要不一生、要不陌生，無論你怎樣都好，就是別執著，別苦苦糾纏著死不放手。

你難受、猜疑，你睡不著、吃不下，折磨的其實都是自己。你們彼此都能過得好，才算是對他的名字在你的生命裡霸佔了好多年的謝意。

日後，當時光將尖銳的疼痛打磨得渾圓，當那個人的名字變得和甲乙丙丁一般稀鬆平常，當有關於你們的一切都成了你並不關心瑣碎的日常，你們之間的這一頁，就算是真的翻篇了。

人總有一天會長大，總該學著去成長，我們都不得不放棄一些曾經以為不可分離的東西，即使這個過程漫長且難熬。所以，就當作是睡前關上的燈吧，反正天總是會亮的。

有一天，你也許會認同這句話：「我的生命已經偏離你的軌道，漸行漸遠，直到永遠無法交會。也可能在某個深夜，我的腦海裡會忽然閃現你的名字，就像一簇小小的火苗，然後轉瞬即逝。」

我知道，那只是想起而非想念。

你很珍貴，理應自由、驕傲、無所畏懼

你說

理想的愛情應該是不計回報的，要撕心裂肺、要赴湯蹈火。

喵喵說

喜歡的本質是相互照亮，成為彼此的避風港和精神寄託，讓本來就平淡的生活感到一絲美好。在每一個情緒低落的夜裡有個依託，在平庸無望的時候相互鼓勵。因為這段感情，我們變成了更好的自己。

你有沒有在某一瞬間，忽然很想很想嫁給一個人?小希說有。

上個月，小希馬上就要過生日了，有一天，她和男朋友在外面逛街，他把她硬拉進了一家首飾店。當走過自己一直想買卻始終捨不得買的那款戒指前面，她睜大眼盯著看了一下，但也就只是稍微停留兩、三秒。走了一圈以後，她說：「沒什麼喜歡的，走吧。」

他問她：「真的沒有嗎？」

她說：「嗯，我本來就不喜歡這些。」

他只好說：「那好吧，就再逛一逛別的地方。」

小希最後在一家戶外用品店裡選了一件普普通通的Ｔ恤。

其實，小希的心裡一定是希望男朋友能送自己那款戒指。生日當天，小希以為除了花和蛋糕，就不會有其它的禮物了。結果他拿出一個盒子遞給她，她打開一看，正是那枚戒指。

看她滿臉詫異，他說：「有兩次和你在車上，路過這家店的時候，我注意到你偷瞄了好幾眼。後來有一天在妳家，看你桌子上有本翻過的雜誌，當時就停在這家品牌的廣告頁上。」

男友是個ＩＴ直男，個性憨厚，這應該是他唯一一次的「耍心機」。

他說，小希不是那種會對他諸多挑剔的女生，他必須承認，他們兩個人在一起，真的是她更遷就他多一些，不管是在飲食、脾氣或生活習慣等等。但戒指這種東西，嘴裡再怎麼說不在意的女孩也一定很在意，所以既然決定要送，就一定不能委屈她。更何況有些事情，真的是你日後再怎麼想彌補都彌補不回來的。

基本上，所有女孩最怕的並不是你的木訥、粗線條、不幽默、不浪漫，這都不是重點，重點是在你身上看不到任何希望，也找不到再在一起的任何理由。

所以，永遠不要低估一個女人和你同甘共苦的決心。你要記得尊重她、陪伴她、不欺騙她，互相珍惜，給她看得見的未來。

※

王爾德曾經這樣解釋愛情，他說：「人生就是一件蠢事接著另一件蠢事，而愛情呢，就是兩個蠢東西相互追來追去。」

你我都應該相信，在這個世界上一定有這樣的人，在她眼裡，愛情裡最重要的事，不是什麼星座相配，不是婚禮要辦在海島國家或是美得無與倫比的歐洲古堡，也不是婚戒要多少克拉、婚紗要限量款，那都不重要，我喜歡你才是最重要。

一些關於愛情的文章是這樣寫的：

有的愛情，是她靜靜站立的地方，連風吹過來都是暖洋洋的。

有的愛情，是一想到和她共度餘生，就對餘生充滿了期待。

有的愛情，是你喜歡的那個人總是自帶光環，只要她一出現，別人都顯得不過如此。

有的愛情，是朋友們都說，一提到她，你的眼睛裡都在發亮。

有的愛情，是當你遇見她的時候，就彷彿聽見有人在你耳邊說了四個字——在劫難逃。

有的愛情，是你或許有千種偽裝，卻在遇到她的一刻，盡數褪去。

有的愛情像一杯水，熱的變涼，涼了就再加熱，反反覆覆，卻始終不願意浪費一滴。

有的愛情是她在鬧，你在笑，彼此溫暖，互相治療「神經病」。

有的愛情是一件很簡單的事，就像想吃的食物塞進了嘴裡，喜歡的人就在心裡。

一段好的感情，一定是具有帶著你向上走的力量。它不是你們留下了多少紀念，不是他給了你多少的驚喜和甜言蜜語，不是你們有多少次因為一點小事爭吵，卻又因為一個擁抱、一個親吻而和好，而是在這段感情裡，你們都變成更好的自己。

每個人的愛情都不一樣，但是遇見了你，你讓我更快樂、更勇敢，我們不僅給彼此安慰，更能給予彼此攜手前進的勇氣。我們在彼此目光的見證中，一起變得越來越好，也都變成了最適合彼此的那個人。
這不就是愛情最好的樣子嗎？

只要還有想遇見的人，你就永遠不是孤單一人

你說

有時候，人會忽然間感到害怕，害怕那句「越過山丘，才發現無人等候」一語成讖。

喵喵說

罐頭是在一八一〇年發明出來的，可是開罐器卻在一八五八年才被發明出來，很奇怪吧？但有時候就是這樣，重要的東西也許會遲來一步，無論是愛情還是生活。

前幾年，由於工作上的一些原因，我結識了一個頗為知名的兩性小說作家，她十分睿智也極有才氣，並且未婚。

曾經有一陣子，她在一些地方舉辦新書講座，在最後的問答環節，她會頻繁地被讀者問到一個問題：「妳期待進入婚姻和有小孩子的生活嗎？」

其實，她都試圖儘量不去正面回答這些問題，畢竟每次不管走到哪裡，幾乎都會被問到類似的情感問題。但是那天，她回答了。

她說：「我們每個人的境遇、三觀都不同，每個人所選擇的生活方式也不可能一樣。如果是完完全全代表我個人的立場和想法，目前來講我不會，我對婚姻並不抱太大的期待。」

「當然，這並不等於說我在刻意地迴避愛情，相反地，我也期待著一場非常美好的戀愛，但是我一定不會在結果上給自己和對方太大壓力。對我來說，忠誠、陪伴、信任、默契，如果這些東西你們全都有了，婚姻中那張紙的實際意義也就都有了，至於其它的，就跟隨著自己的心走，水到渠成就好。」

「說實話，從二十幾歲到現在，我一直覺得，我將來有可能會是一個不婚族，一個擁有幸福的能力，一個可以給對方最深情、最好的陪伴的不婚族。」

很明顯，她的意思是說，一定要找到兩個人之間最適合、最舒服的相處模式，否則別急著非要走進婚姻。有些事，比那張結婚證書更重要。

就在不久前，我意外地收到了她的結婚喜帖，還有精緻的喜餅禮盒。新郎是一家知名影視傳媒公司的總監，年輕有為，而婚禮的地點選在了她特別喜歡的城市—布拉格，那裡也是她曾經生活過的地方。

我知道，她所說的水到渠成，已經成了。

對於絕大多數人來說，孤獨是一種太過奢侈的東西，世界上沒有多少人能要得起、配得上，你不行、我也不行。

也許我們嘴上都會說：「一個人也要活成一支隊伍」、「一個人也可以春暖花開」、「慢慢來別慌，你想要的歲月都會給你」。那些曾經口口聲聲說著不想嫁、不會結婚，那些在談笑間說著「單身萬歲」的人，在找到真正登對、喜歡的人以後，在他們結婚的那一天，當她聽著他宣讀誓詞說：「我願意」的時候，會哭成什麼樣？

當她哽咽著說出那句：「為什麼你這麼晚才出現？你知道嗎，其實我真的好害怕」的時候，那些在她周圍心疼她、希望她能被好好照顧、希望她能獲得幸福的人有多麼感動，多麼百感交集……

我始終相信，生命當中獨自一人的這段時光其實尤為珍貴，它真的可以讓一個人感悟出很多的東西。

至於未來，就算是再勵志的心靈雞湯，應該也沒辦法許諾你什麼。不過，我希望你知道，只要還有想遇見的人，你就永遠不是孤單一人。

※

我們都會喜歡生命裡的那些意外和驚喜。

比如去買杯咖啡，剛好老闆娘心情超好，竟然送了你一塊水果蛋糕；比如饑腸轆轆的你，恰巧進到一家已經客滿的餐廳，而某一桌的人正好起身離開。

比如本來你早早就出門了，但就是遲遲叫不到計程車。終於上了車，結果半路又發生事故。你以為自己鐵定遲到了，同事剛好開車經過，正好順路載了你。

然而，小確幸比不上大歡喜，就像遇見了那個能和自己共度餘生的人。然而遇見是一回事，把不把握得住，就是另外一回事了。

從小到大，我們每個人究竟有多少大大小小的願望？有多少想過要去追、去珍惜的人？就在這些日復一日的歲月裡，被我們不痛不癢地放棄掉了，又或者正準備放棄掉？

所以，真的遇到了自己喜歡的人，就努力勇敢地去試一試吧。至於結果，不要去設想太多，你要能享受最好的，也要能承受最壞的。畢竟，用力愛過的人，即便為了愛情遍體鱗傷，也好過心如死灰的漫長。

其實我更覺得，並不單單是為了愛情才有必要這樣。不管是電視劇還是電影，我們之所以都喜歡那種最後來個大逆轉的結局，就是因為這才是人生該有的真相。我們咬著牙堅持、拼了命抗爭，哪怕身上承受了無數的重擊，哪怕鼻青臉腫、血流滿面、步履蹣跚，甚至明明知道，最終贏的那個人很有可能不是自己，但無論如何，我們都已經如此充分地證明過，自己絕不是一個只會認命的孬腳貨，對吧？

每個人都會從時間手上得到很多東西，好的、壞的，美的、醜的，永恆的、短暫的。有一些是雪中送炭，有一些是錦上添花；有一些你留得住，有一些你求不來。

只希望，最後是你真正想要的。

Chapter 7

即使改變不了世界，也別讓世界改變了你的初心

喜歡什麼事，就盡心盡力去做；
喜歡什麼人，就大大方方去愛。
如果開始之前就想著以後不喜歡了怎麼辦？
那怎麼能擁有美好的生活體驗呢？

人生就像一座遊樂場，今天來玩這一次就要盡興，
什麼項目都得去嘗試一下，回到家才可以回味。
願我們的生活風平浪靜，三分驚喜，七分盡興。

人生只有一次，活得豐富精彩一點就沒錯

你說

我開始覺得，人生應該主動點，不管做什麼，遇到什麼困難，都要自己主動去理解、克服，那麼心境就很不一樣，不會有被欺負的感覺，要欺負也是自己欺負自己。

喵喵說

「一切都會好起來的」這句話太虛偽了，應該換成「如果你不主動做點什麼，永遠都好不起來」。沒有人可以做一輩子的主角，但每個人都能學會掌控自己的生活，成為生活的主角。既然生命是隨時都不知如何是好的過程，那就親手塑造自己喜歡的生活，讓自己的生命變得更加豐富精彩。

突然想起之前在網路上看到的一句話，大致內容是：「我希望有一天在電影院裡看到的，不是青春時代不顧一切的熱血，或是成年後狡猾狗血的劇情，而是主角努力彌補缺憾，跟往事和解，最終成長為一個勇敢又柔軟的大人。」

不說「疼痛」、不說「傷痕」，沒有這種矯情又浮誇的詞語，就只是點點頭、笑一笑說：「該長大的時候，就長大吧。」

你可以將成長理解為一筆交易，因為我們都是用樸素的童真與未經人事的潔白，去交換長大的勇氣、成熟的情感與廣闊的視野。

青春肯定會有侷促不安、灰頭土臉和尷尬的經歷，然而最後呢？你的生活真的會因為這些經歷而變得無比糟糕嗎？

人生中的無奈、分開乃至失敗，永遠都是每個人的必修課，而你只有經歷過這些，才能真正讀懂成長的意義，否則你要拿什麼走好今後更長更遠的路？

自己對自己的人生負責，誰都沒什麼好抱怨的。

世界有時候會有那麼一點不懷好意，讓人遍體鱗傷，痛到咬牙切齒，但這又如何？畢竟，從傷口裡長出的也可以是翅膀。

每個人都是孤獨的行者，在行走的過程中慢慢變得堅強。當你看慣了失望卻仍保持著對生活的熱愛，不卑不亢、坦然前行，不辜負一切的過程，才是真正的善待自己。

※

生活有時候遠比電影更精彩，沒有那麼多狗血，只有很多的熱血。

我認識一個女生，她的外表和她的經歷會讓人產生巨大的反差感。

她很愛笑，既陽光又樂觀，剛認識她的時候，你會誤以為她是在養尊處優的環境下長大的天真女生。

相處下來，你才慢慢發現，在少女心的背後，原來她曾經歷過大學轉系不成、考研究所失敗、求職不順，甚至還經歷過最好朋友的忽然離世。

她曾離鄉背井在陌生的城市裡迷路過，她曾在每天最早一班的公車上，見過了這個城市每天從沉寂中漸漸甦醒的樣子，她也曾在寒流夜裡獨自一人去醫院……

當她一個人熬過這一切之後，她卻沒有成為那種整天把疼痛、傷痕掛在嘴上的人。她觸摸過孤獨的日子，見識過艱難的生活，卻依然腳踏實地、用心地過著生活。

她給人的感覺永遠都是那樣元氣滿滿，而她這份沉澱下來的純淨、坦蕩和不世故，竟顯得如此可貴。

她有少女心但絕不幼稚；她內心溫柔卻又充滿力量。面對這樣的她，你真的會相信她的未來是溫暖的、美好的，更是充滿希望的。在她面前的是等待她去征服的山河大海，而在她腳下正在開闢著一條自己喜歡的路。

人的成長並非一夜之間，但或遲或早總會到來，無人倖免。所以醒一醒吧！這世界上沒有誰可以永遠停留在那個天真無憂的青春時期，沒人能擁有長不大的藉口，而你遲早要自己搞清楚，該繼續保有的純真和該放下的幼稚之間的區別。

當你成長了、努力了、成熟了以後，你會發現你仍然是你，不同的是你已經不再兩手空空。這種額外的價值來自於你不斷進步，以及面對未來一切的未知時，你都有向前走下去的勇氣和骨氣，這遠比任何的褒獎都更有意義。

世上所有事情都是兩面的，如果你感到委屈，證明你還有底線；如果你感到迷茫，證明你還有追求；如果你感到痛苦，證明你還有力氣；如果你感到失望，證明你還有期待。從某種意義上說，這樣的你，永遠都不會被打倒。

※

人在二十幾歲的時候，正處在人生最好的黃金年代，你應該有好多的奢望，想愛、想吃、想瘋狂。所以，有想法就大膽地去嘗試，去感受不同的生活，多讀書、多旅行、多結交有趣的朋友。

不要浪費大把的精力和時間去迷茫，去猶豫和糾結什麼選擇是最好的，因為根本就沒有人知道將來會發生什麼。

每個人都已經登上了生活這條「賊船」，唯一不同的是，你選擇讓自己看到怎樣的風景。越是不斷成長就越會發現，日復一日的生活看似平淡無奇，但回頭想想，一年前的你在擔憂哪些問題？又是個怎樣的人呢？再看看如今，你在面對什麼問題？成了怎樣的人？你會猛然發現，命運原來是在一路狂奔著，我們都只能奮力向前。

在這狂奔的過程中，每個人都可能遇到突如其來的轉變，面對這些身不由己的變化，我們會疲倦、會迷茫、會膽怯，有的人會抱怨頹喪從此跌落下去，而有的人卻能迸發出力量，活出新的光采。

要永遠記得，你對自己的人生是有主控權的。是活得破破爛爛，還是漂漂亮亮；是活得狗血淋頭，還是熱血沸騰：這完全取決於你自己。

生活不是制式化的，所以才會有驚喜和奇蹟的存在。

明天還有無數種可能性，千萬不要在最年輕、最具有創造力的時候就丟失了一切熱情。

路就在那裡，未來就在那裡，你只有走過去，才能抵達更好的未來。

人生的每個階段都會有它相應的姿態，過來人會告訴你，生活就是個緩慢「蒸發」的過程，人一天天老去，力量和渴望也會一天天消失。

但是，這其實只是前半句，它的後半句是——二十多歲的你一無所有，卻讓所有人羨慕；現在的你如此年輕，你只需要相信自己，相信自己會永遠勇敢下去。

人生只有一次，活得豐富精彩一些就沒錯。希望你能保護好自己身上的特質，無論是五年還是十年，永遠善良、不服輸，熱愛書籍和音樂。在漫長的歲月裡，是這些讓你永遠迷人，富有生命力。

所謂的標準，都是為了你不會愛上的人設定的

你說

我愛他，但是他愛我嗎？有多愛？會愛多久呢？

喵喵說

如果你一直在糾結他到底愛不愛你，那麼答案多半是不愛。人的直覺有時候就是這麼準，自欺欺人和從別人那裡找安慰也都是假的，都是在逃避而已。

嘉妮是我從小一起長大的好朋友，是可愛又認真生活的好女孩。

最近她被家人逼去相親了好幾次，所以感到有些鬱悶，可是她家人也同樣鬱悶。

每次相親回來大家一問她，她的回答都是：「有啤酒肚的不行，身高沒有一百七十五公分以上也不行，沒有任何運動習慣也不行，髮際線太高的就更不行了。」就算遇見了長得頗好看的帥哥，理由也不少：「太帥的沒安全感，那雙桃花眼，多招蜂引蝶啊！」

其實，嘉妮畢業後也才工作一年多，對於感情這方面，心態倒是很輕鬆，就是家人很擔憂，怕她眼光太高，一個不小心就耽誤了青春。

也不只是像嘉妮這樣的女生，男生不也一樣很挑嗎？這個臉上有點小雀斑，不好；那個有點胖，算了；這個眼睛太小了，不行；那個個子太嬌小了，也不行；那個嗓門太大，還是算了。然後，搞得身邊的人受不了，忍不住想現在的孩子都這麼挑嗎？

我的答案是：未必。

愛情的發生和存在從來都是很微妙的，他戴眼鏡不行，但換在另外一個人身上，你也許就覺得沒多大關係，根本沒有差別；她身高達不到你心裡的標準，但換在另外一個人身上，你也許就不會介意了。

等到讓你真的想牽手、想保護、想託付餘生的那個人出現了，你就會發現，原來在愛情這件事上，所謂的標準根本就不存在。因為一切的標準都是為了你不會愛上的那個人設定的——感覺不對、頻道不同、氣場不合，這要怎麼將就？即使將就了又能死撐多久？

更何況，越不挑、越想將就的女人，也許就越難遇到能給她幸福的人。

嘉妮算是那種比較典型的「麵包、身材和美貌我都有啊，你給我愛情就好」的女生。後來，她找到的男朋友也不是相親認識的，而是跟她有工作往來的合作廠商代表。

他的外形不是陽光帥哥型，也不是運動達人，身材不高且瘦瘦的，是一個典型的理工科出身的工程師，戴著一副黑框眼鏡，斯文、乾淨、沉穩、思路敏捷。

認識他、和他在一起之後，嘉妮真的覺得，再複雜的問題到他手裡似乎都能有辦法很快解決，她的生活彷彿跟著變得開闊了許多。嘉妮甚至經常跟男朋友開玩笑，說懷疑自己是不是找到了一個「哆啦A夢」。

相處久了，兩個人越來越有默契，也越來越相愛。

這世界上不存在什麼量身定制的完美愛情，沒有一個人會擁有你喜歡的所有條件，而你也不必刻意活成某個人喜歡的樣子。當你愛上那麼一個人，他可能並沒有多好、多優秀，但你剛好就喜歡那幾分好，你們遇到了、愛上了、確定了。

在複雜易變的人心和無窮無盡的擦肩而過裡，我遇到最好的事，就是愛上你，並同時被你愛著。

※

愛情裡，出場順序真的很重要，早兩年或晚兩年，喜歡的類型可能就完全不同了。有時候，有人會覺得自己就好像是在被命運捉弄一樣，好不容易遇到了一個自己喜歡的人，但是對方似乎並不領情。

於是，你想起了那句「我喜歡你，與你無關」。

沒錯，你就是喜歡他，喜歡到你甚至想像著，如果有一天你們真的在一起了，什麼鮮花、蛋糕、電影票、生日和紀念日的小禮物……這些都不重要，哪怕他再怎麼高冷、粗心、不體貼、不懂噓寒問暖，這都不要緊，都無所謂，你可以都不在乎。

但我想說的就是，很多時候正是這些細碎而柔軟的東西，最後才撐起了一場細水長流的感情，才疊起了一個堅不可摧的家。

人永遠都別低估了自己對於愛情的期待，「不求回報」和「不問結果」並不是什麼人都能做到的，說得直白一點，那是小說和電視劇裡面才會用到的梗。

現實總會讓你知道，要感動一個沒那麼喜歡你的人，從來都不是一件容易的事，那太夢幻也太磨人。凡是能夠長久的愛情關係，一定不能光靠其中一個人的死撐。

大家都說愛情最美好的階段，就是兩個人的關係將明未明的曖昧期。兩情相悅的這種曖昧當然美好，但如果不是兩情相悅呢？我覺得，最好不要太過固執。

我相信，那個人喜歡或不喜歡你，基本上你是心知肚明的。就拿你自己來說，你喜歡誰，自然就會想跟他多說說話，上天下地無所不說。

可是，如果你不喜歡他，只是想當一個普通的朋友，那麼最多保持著正常而又禮貌的「點頭之交」也就夠了。

所以，那些看似高冷的人，大都藏著一個不肯將就的靈魂和一個一心想要等到的人吧。他懂得保持距離、懂得拒絕，不去玩曖昧和備胎那一套，如果從這一點來看，他沒錯，你的眼光也沒錯。

而你，一個好強又乾脆的好女人，當然值得一個願意將真心完全交付給你的人。

別讓世界改變了你的初心

你說

記憶裡的人，是不能去見的。若見了，原先那些美好的回憶和感覺也就跟著沒了、毀了。

喵喵說

當初曾經被自己喜歡過的人，日子久了之後，或許真的會變成張愛玲筆下的那一顆朱砂痣、一抹蚊子血，你耿耿於懷，你念念不忘。但其實，見與不見的結果，除了「一見毀所有」，也許是更喜歡呢……

古仔和安安的愛情，其實我很想一直放在心裡不講出來，因為有人大概會覺得那愛情不夠轟轟烈烈、刻骨銘心。但是，當我每次聽見有人一看到八卦新聞爆出誰和誰分手了、誰和誰離婚了，然後就覺得自己純潔美好的愛情觀快要崩塌，就說什麼再也不相信愛情的時候，我就會像條件反射一樣，首先想到他們這一對。

古仔和安安是高三同學，古仔成績中上，安安成績很好，兩個人前後隔著一排座位。其實，那個時候的女生和男生心思都是很微妙的，女生可能因為哪個男生極不經意地微笑，男生可能因為哪個女生朗讀英文很好聽，就瞬間心動了一下。而安安會注意到古仔，是因為他有一次被老師叫上臺寫黑板上的試題，她居然發現，哇！這男生寫的字，怎麼能這麼好看！

後來畢業，大家都如鳥獸散。大學畢業後安安在台北工作，古仔則到了大陸工作。開始工作以後，安安陸續搬過幾次家，每次整理自己以前的東西，她都會選擇性地捨棄一些，但她一直留著當年高三畢業的班級團體照。每次看到這張畢業照，她的眼神都會在古仔的臉上停留好一會。他就站在她身後，自然地淺笑著。那種感覺，連她自己也形容不出來。

大概真的是天意，後來有一次，安安飛去上海出差，古仔正好來浦東機場接人，兩個人毫無預兆地在機場相遇了，而且幾乎同時認出了對方。

兩個人在一起之後，古仔曾經問過安安：「你難道沒想過，為什麼當年在班裡的所有女生裡面，我只找你借筆記、抄答案、問問題嗎？」

安安明顯愣了一下，然後慢慢地說道：「那你有沒有好奇過、有沒有想過，我為什麼下了課也總是愛留在座位上，不太離開教室嗎？」

其實，安安後來仔細思考一下，之前在拿照片看的時候，她的腦子裡不是沒想過，當年可能只是自己想太多，只是自己的一顆少女心在作怪。而且，就算哪一天自己真的見到了他，他或許早已不再是她記憶當中的樣子。畢竟，當初十七、八歲的年紀，欣賞一個人的眼光很單純，一個優點或者細節就能把自己對這個人的好感放大好多倍。

但是重逢以後，安安徹底明白了，原來見與不見的結果，除了「一見毀所有」，還有另外一種可能，那就是我好像比當年更喜歡你了。

後來，古仔回到台灣。安安和古仔出來和大家聚會的時候，我認真觀察了好幾次。

安安低頭去撿東西，抬頭的時候肯定不會撞到桌角。古仔雖然仍舊在不動聲色地正常說話、聊天，但下意識地就會把手伸過去，擋在桌角那裡。

安安吃火鍋的時候，古仔遞給她的醬料碟裡一定沒有加蔥花和香油，因為她不喜歡加這二樣。

安安超級喜歡聽蘇打綠的歌，可是古仔之前完全沒在聽他們的歌，也都唱不好，他就偷偷練習了好多蘇打綠的歌，後來駕輕就熟，輕輕鬆鬆就能陪著她一直唱到盡興。

其實，安安對古仔也是一樣：

古仔每次要出差，不管多晚，安安一定會幫他收拾好行李。

古仔父母的生日快到了，安安總是會記得並且提醒他。

古仔平時會抽煙，但是後來慢慢地減少了，因為他的口袋裡都會有安安偷偷塞的口香糖。

其實，哪怕再怎麼有緣，緣分二字最多也就只能負責兩個人的相遇而已，至於後面的結果，誰也保證不了。

而那些真正懂得愛情、懂得珍惜緣分的人，他們之間的默契和用心全都紮根在細節裡，這才有了剛剛好的溫柔和剛剛好的小幸福。

※

在一起，或者不在一起，很多人都說，這得靠緣分，是勉強不來的，不能強求。

其實，幾乎百分之九十以上的愛情電影都是猜得到結局的，因為它們都是帶著一定的情感潔癖在訴說，它們最基本的立意，一定是希望孤獨的人能始終相信愛情，希望受過傷、跌過跤的人相信能得到幸福。

所以，不管其中的過程如何曲折，不管有多少人從中破壞和阻撓，不管有多大、多深的誤會，到頭來它一定會替劇中人、替你，補上所有的遺憾與錯過。

哪怕每次都是相同套路，但是為什麼我們依舊會去看，依舊樂此不疲？因為我們每個人都是一樣的，總是習慣性地渴望幸福和順遂，這是人性本身的一種需求和情懷。

但是一旦跳脫出電影，生活畢竟就是生活，很多的憾事，真的由不得你去挑選和重新設定結局。

如果換個角度，這也未必就一定是壞事，就像廖一梅在《戀愛的犀牛》裡所說：「如果沒有那麼多的感動、那麼多的痛苦，在狂喜和絕望的兩極來來回回，活著還有什麼意思呢？」

所以，緣分這種東西，其實並沒有好與壞的區別。人這一生，凡是你所遇到的、經歷的、藏匿於心的，其實都是禮物。有一天，也終將要捨棄，人人皆是如此。

喜歡是乍見之歡，相愛是久處不厭

你說

當愛情散場，我們都愛追究個是非對錯，到底是誰虧欠誰、誰辜負誰。可是，這真的有意義嗎？

喵喵說

不要說別人辜負了你，終歸是你辜負了自己，你是唯一能夠把自己辜負到體無完膚的那個人。

一生的時光如此有限，請你不要在不該執迷的人和事情上耽誤你自己。你可能做過一些傻事，說過一些蠢話，愛過一些爛人，但是請不要永遠傻下去。

女生會因為聽見男朋友說了什麼而火冒三丈？

有一個女生是這樣回答的，有一天，她男朋友看著她化妝包裡的瓶瓶罐罐說：「你以後能不能別買這麼貴的化妝品，我看裡面的成分都差不多，效果應該沒什麼差吧，那些大品牌就是花太多錢做廣告，才會賣這麼貴。」

化妝品太貴、衣服不合他的眼光、鞋子的款式不太好看……諸如此類，女朋友實在忍無可忍回他一句：「請問，你到底是有多不滿意你女朋友？」

其實，這絕不僅僅是情緒和消費習慣的問題，而是價值觀甚至是生活觀念上的巨大差異。而這個話題，也讓我想起了不久前剛剛當了新娘的小米。

我記得，如果不是有一次小米親口跟我說，我真的不知道，原來愛情裡的兩個人如果真的適合，可以是這個樣子的。

小米是比較有獨特審美觀的人，她不會盲目追求名牌，平時也會穿著從網路上買來不到百元的T恤，但是有些百搭必備款一定是有牌子的。所以，她衣櫃裡的衣服雖說不算多，但每一件都是百搭又很經典的款式。鞋子也是一樣，款式不多，但絕對能和衣服搭得恰到好處。至於飾品，她的消費其實很理性，一定是她真正心動的才會果斷買下來。

有一次，她和男朋友（目前已經是老公）兩個人週末去約會，去吃飯、看電影、逛街。那天，他買了一款德國品牌的書寫筆，然後逛到同一層的另外一家店面的時候，她買了一條手鏈。

最關鍵的來了：

原本小米和她老公都不是多話的人，除非是氣場特別合的，或者是跟很熟的人在一起，話才會顯得多起來。但是那天小米竟然發現，打從一開始他們走進前一家店裡，到最後結完帳走出店面後，兩個人就像是坐在家裡的沙發上，或者牽手並肩地走在海邊的沙灘上一樣，藉由剛看過的電影，聊著一些感興趣共同的話題，一直閒聊、一直閒聊，居然完全沒有任何的中斷，甚至完全沒有聊關於要買的東西款式如何、價格怎樣的問題，最多就是稍微用眼神相互交流了一下，僅此而已。

這兩樣東西都是他們逛著逛著臨時想要買的，而整個的過程就是如此自然而然，一氣呵成。

在兩個人的默契裡，消費習慣其實是特別重要的。這種契合並不是嘴上甜言蜜語地哄一句：「你買什麼都好、穿什麼我都喜歡」，而是心裡真的欣賞對方的風格，贊同對方的審美。

喜歡是乍見之歡，相愛是久處不厭。那個能和你聊得來、脾氣合、同頻率的人，一旦真的遇見了，千萬別錯過。

※

在不同的階段，在經過了不同的事件之後，人對愛情的看法和感知力往往也是不一樣的。從前單身的時候覺得，愛是你眼裡只有我，為我拒絕所有的曖昧；愛是我們會實現有彼此的未來；愛是你有和我過一輩子的真心和執著。

失戀以後回歸單身的時候，覺得愛是看透了彼此所有缺點和壞脾氣卻依然包容；愛是爭吵過後，兩人都害怕失去彼此，因此主動妥協；愛是當熱情漸漸退去，你還是愛我一如當初；愛是你不必取悅我，我不必討好你。

這些心境會因人而異、因事而變，但能夠確定的一點就是：戀愛中的人，悲傷、喜悅和一切的情緒都是容易被放大的。

然而，當你經歷過一些大大小小的波折以後，人也更加成熟了，你就會明白，其實人生也是挺奇特的。最初你所深信不疑的東西，後來竟也是由你親自推翻，而那些當初你無法接納的道理，後來也被你默默身體力行。

慢慢你會發現，並不單單愛情是這樣。人生當中的很多道理，有一些是被自己誤解的，還有一些是被自己低估的。而這裡面的對與錯、是與非、利與弊，你不經歷上幾輪，便體悟不到自己內心的真正想法。

我們每個人都一樣，當與這一切的故事和問題和解以後，你才能成為你最想看到的自己。

人生是一場沒有任何彩排機會的即興劇碼，上了台的每個人，誰都無法預料未來會是怎樣，我們要走的路，永遠有著太多不確定。也許，曾經好到穿過同一雙鞋的兄弟會大打出手；也許，曾經好到會分享同一杯水的閨密也會斷了聯絡；又或者，昨天還是毫無交集的路人，今天竟然變成朋友，後來又變成相知相守的愛人。

沒辦法，很多事就是這樣，我們一輩子也猜不到結局，但我們要記住一點：不管過程如何，一切的結果，都自有它的道理。

能辜負你的，只有你自己

你說

想要忘記一段感情，方法永遠只有一個：時間和新歡。要是時間和新歡也不能讓你忘記一段感情，原因只有一個：時間不夠長，新歡不夠好。

喵喵說

其實，時間和新歡都不是能改變你生活的靈丹妙藥，能改變你的、能辜負你的，只有你自己。

一大清早，兩人在家裡大吵了一架，女生眼中含著淚水，拿著裝著他們合照的相框，大喊：「不想在一起了，是嗎？」

男生也正在氣頭上說：「你不敢砸是吧，來！我來幫你。」說完，他一把拿過相框，瞬間砸到地上，他說：「偷偷看我手機，你到底發現什麼了？有發現什麼了嗎？」

茶几上的一個瓷器也被他扔到地上，裂成好幾片，他越說越生氣：「好，要分就分！」最後，女生哭得連話都講不出來，男生賭氣摔門而出。

男生一整天上班都沒心情，下了班跟哥們去喝酒訴苦，說自己心裡特別悶，覺得好像找錯了人，覺得很委屈，覺得對方怎麼就這麼不信任他。

哥們跟他喝了幾杯，說：「其實這也不是什麼天大的事，沒必要搞成這樣，回去好好談，說開了也就沒事了。」

等到情緒發洩得差不多了，男生突然覺得心疼了起來，因為其實他腦子裡一直都在想著一個畫面：女孩沒事就愛窩在沙發裡，手裡捧著一個瓷偶，一臉幸福，她說：「這是你送我的第一個禮物，我每天都看不膩呢！」

他小跑步趕回家，假裝好像什麼事都沒發生似的，推開門，就跟平常一樣說：「我回來了。」

可是，從那天開始，這間屋子裡就再也聽不到她的回答：「喂，快去洗手！飯馬上好了……」

通常，大張旗鼓地離開大多是在試探，口口聲聲吵著說要離開的人，總是會在最後紅著眼眶彎著腰，把一地的玻璃碎片收拾好；而真正準備離開的人，只會挑一個風和日麗的下午，隨意套上一件外套出門，便再也不會回來。

真正的離開甚至沒有告別，都在心裡且悄無聲息。

然而，很多事情就是這樣，一旦她真的走了，他才知道有多麼愛她。那些年輕的歲月，那些微笑和痛苦，竟是他一生中最美好的時光，任誰也替代不了。

愛情，大概是這世上最變化多端，也最容易使人貪婪的一種存在。也許一開始，你只想對方能多看你一眼，可是後來，你希望在這眼神裡，能多一點溫柔的愛意，多一點甜蜜和欣賞。再後來，你希望對方一天比一天更懂你，甚至希望對方能滿足你對於愛情的全部理想。於是每個人似乎都忘了，其實在一開始，你只是想對方能多看你一眼。

所以，兩個人在一起就務必好好珍惜對方，不要等到你想珍惜的時候，那個人卻因為累積了太多的失望而離開。

千萬不要輕易放開一個願意愛你愛到骨子裡的人，因為在每個人的生命裡，這樣的人，可能都只有一個，而這個人，大概也只能如此用力地去愛一次。

※

人的一生當中可以經歷很多事，有的事是你可以挽回的、彌補的，但同樣也有很多事，是連要彌補都無能為力。

經過這麼多年的風風雨雨，其實你早就心知肚明，努力一個星期不會讓你變成全校第一，節食兩週不會讓你瘦成閃電，你剪短了頭髮生活也不會重新開始。

你明白了，一場說走就走的旅行，不會幫你解決掉所有的迷茫和壓力，你遲早都要回來面對，要重新收拾局面；吃巧克力未必會讓你心情變好，反而可能會發胖；就算是和高個子的男生手牽手走在一起，安全感也許還是為零。

你懂得了，生病了傳到臉書或ＩＧ說自己難受，只會收到一些「記得多喝點水」、「好好休息，快點好起來」之類的關懷，始於同情止於禮貌，不會有人真的打電話關心或給你送藥、送吃的。

所以，現在誰用心陪在你身邊，你一定要對誰好一點，這是你唯一能做，且永遠都不會有錯的事。

其實回頭想想，每個人心中大概都有一個不可能忘掉的人吧！

但漸漸你會發現，這個人不管怎樣都已經不會和你有所交集。你依然要吃、要睡、要工作、要去健身，你會交到新的朋友，你也是懷著最大的誠意、信心和期望，去好好經營下一段的愛情。

你會明白，有些人就是永遠地刻印在你這輩子的記憶裡，讓你忘不了、抹不掉也避不開，但這都不會也不該影響到你的生活。

世界那麼大，每個人都匆匆忙忙，有的人能在你身邊停留過一陣子，就已經是個不大不小的奇蹟了。

不過，值得慶幸的就是，我們都是一樣，往往都是在離開了錯的人之後，才能真正看清楚誰才是對的人吧。

Orange Life 28

人生很短，但本人很懶

—36 個人生真相告訴你，全世界能辜負你的只有你自己

作者 楊喵喵

出版發行

橙實文化有限公司 CHENG SHI Publishing Co., Ltd
粉絲團 https://www.facebook.com/OrangeStylish/
MAIL: orangestylish@gmail.com

作　　者　楊喵喵
總 編 輯　于筱芬 CAROL YU, Editor-in-Chief
副總編輯　謝穎昇 EASON HSIEH, Deputy Editor-in-Chief
業務經理　陳順龍 SHUNLONG CHEN, Sales Manager
美術設計　點點設計 Yang Yaping
製版／印刷／裝訂　皇甫彩藝印刷股份有限公司

編輯中心

ADD ／桃園市中壢區永昌路 147 號 2 樓
2F., No.382-5, Sec. 4, Linghang N. Rd., Dayuan Dist., Taoyuan City 337, Taiwan (R.O.C.)
TEL ／（886）3-381-1618 FAX ／（886）3-381-1620
MAIL: orangestylish@gmail.com
粉絲團 https://www.facebook.com/OrangeStylish/

全球總經銷

聯合發行股份有限公司
ADD ／新北市新店區寶橋路 235 巷弄 6 弄 6 號 2 樓
TEL ／（886）2-2917-8022　FAX ／（886）2-2915-8614

初版日期 2023 年 12 月